내 집 짓기
프로젝트

시작부터 안 헤매고 살면서 후회 없는
내 집 짓기 프로젝트

2014년 10월 1일 초판 1쇄 발행

지은이 · 류 명

펴낸이 · 박시형
책임편집 · 김형필, 정상태

마케팅 · 권금숙, 김석원, 김명래, 최민화, 정영훈
경영지원 · 김상현, 이연정, 이윤하, 김현우

펴낸곳 · (주)쌤앤파커스 | 출판신고 · 2006년 9월 25일 제406-2012-000063호
주소 · 경기도 파주시 회동길 174 파주출판도시
전화 · 031-960-4800 | 팩스 · 031-960-4806 | 이메일 · info@smpk.kr

ⓒ 류 명 (저작권자와 맺은 특약에 따라 검인을 생략합니다)

ISBN 978-89-6570-229-0 (13590)

- 이 책은 저작권법에 따라 보호받는 저작물이므로 무단전재와 무단복제를 금지하며, 이 책 내용의 전부 또는 일부를 이용하려면 반드시 저작권자와 (주)쌤앤파커스의 서면동의를 받아야 합니다.
- 이 책의 국립중앙도서관 출판시도서목록은 서지정보유통지원시스템 홈페이지(http://seoji.nl.go.kr)와 국가자료공동목록시스템(http://www.nl.go.kr/kolisnet)에서 이용하실 수 있습니다.
  (CIP제어번호: CIP 2014026083)
- 잘못된 책은 구입하신 서점에서 바꿔드립니다.　• 책값은 뒤표지에 있습니다.

> 쌤앤파커스(Sam&Parkers)는 독자 여러분의 책에 관한 아이디어와 원고 투고를 설레는 마음으로 기다리고 있습니다. 책으로 엮기를 원하는 아이디어가 있으신 분은 이메일 book@smpk.kr로 간단한 개요와 취지, 연락처 등을 보내주세요. 머뭇거리지 말고 문을 두드리세요. 길이 열립니다.

시작부터 안 헤매고 살면서 후회 없는

내 집 짓기 프로젝트

류명 지음

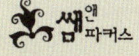

차
례

프롤로그
월급쟁이 김 부장이 집 짓기를 결심한 이유 · 8
5분 만에 마스터하는 집 짓기 공정 · 14
　　　예산 수립부터 준공까지
집은 혼자 짓는 것이 아니다 · 16
　　　건축주의 입장에서 본 집 짓기 과정의 세 주체

PART 1 이것만 알면 절대로 안 헤맨다
건축주들이 가장 궁금해하는 설계 · 시공 관리의 모든 것

1 _ 남편이 원하는 집 vs. 아내가 원하는 집 · 20
2 _ 땅을 살 때 반드시 생각해야 할 것들 · 26
3 _ 착한 예산으로 집 짓기 · 30
4 _ 싸고 좋은 집을 짓는 가장 쉬운 방법 · 36
　　● 나에게 맞는 설계자와 시공사 만나기 · 40
5 _ 나에게 어울리는 주택 유형 찾기 · 44
　　목조주택 · 46
　　노출콘크리트 주택 · 54
　　ALC주택 · 58
　　스틸하우스 · 62
　　패시브하우스 · 66

6 __ 좋은 집, 좋은 설계에서 나온다 • 70
7 __ 시공 현장 야무지게 관리하기 • 74
  ● 내외장재 기초 쌓기 • 78
8 __ 준공 이후 복잡한 절차, 이것만 알면 끝! • 84
9 __ 집 짓기보다 100배 더 골치 아픈 하자보수(A/S) • 88
10 __ 복습! 공정별 필수 점검사항 • 92

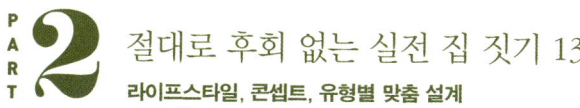

PART 2 절대로 후회 없는 실전 집 짓기 13
라이프스타일, 콘셉트, 유형별 맞춤 설계

1 __ 아름다움에 융통성을 더한 실용주의 전원주택 • 98
2 __ 아웃도어의 특별함에 아파트의 편의성을 더하다 • 108
  ● 류명이 제안하는 라이프스타일 3D 맞춤설계 ❶
  휴양지가 부럽지 않은 풀빌라형 전원주택 • 120
3 __ 아파트 숲속에서 더 빛나는, 혼자만을 위한 1인 주택 설계 • 124
4 __ 지형의 핸디캡을 극복해 나만의 정원을 만들어낸 집 • 138
  ● 류명이 제안하는 라이프스타일 3D 맞춤설계 ❷
  남자의 로망을 완성하다 • 150
5 __ 노부모를 배려한 전통과 모던의 결합 • 154
6 __ 비용은 낮게 효율은 높게, 도심 속 전원 설계의 정석 • 164
  ● 류명이 제안하는 라이프스타일 3D 맞춤설계 ❸
  자연 속으로 떠나는 아름다운 여행 • 178

7 __ 아이들이 놀면서 공부하고 공부하면서 꿈을 키우는 집 · 182
8 __ 마음에 휴식이 필요할 때 찾는 집, 세컨 하우스 · 194
- 류명이 제안하는 라이프스타일 3D 맞춤설계 ❹
  따로 또 같이 산다는 것의 즐거움 · 206
9 __ 에너지와 공간의 효율을 사로잡다 · 210
10 __ 임대 소득을 생각한 세대 분리 주택 설계 · 224
- 류명이 제안하는 라이프스타일 3D 맞춤설계 ❺
  불편한 동거에서 아름다운 동거로 · 236
11 __ 밤하늘의 별빛까지 품은 모던 힐링 주택 · 240
12 __ 고지대를 활용해 산과 강을 담아낸 집 · 252
13 __ 세상에 단 하나뿐인 내 집, 럭셔리 하우스 · 264
- 류명이 제안하는 라이프스타일 3D 맞춤설계 ❻
  신혼부부의 행복까지 설계하다 · 276

에필로그
제대로 아는 건축주가 좋은 집을 짓는다 · 281

PROLOGUE

월급쟁이 김 부장이
집 짓기를 결심한 이유

김 부장은 요 몇 달 전부터 자기 집을 지어서 살고 있다는 사람들의 이야기에 기웃거리게 됐다. 살고 있는 아파트 전세 만기가 얼마 남지 않은 데다 얼마를 더 올려줘야 할지도 갑갑하다. 잦은 이사도 짜증나고 차라리 대출을 끼고서라도 아파트를 사버릴까 하는 생각도 든다. 하지만 떨어지는 집값도 그렇고 아파트라는 공간이 과연 미래가 있을까 생각해보면 그것도 망설여진다.

우연히 TV에서 본 집짓기 프로그램이 마음을 흔든다. 서울 근교에 자투리 땅 구입해서 가족 모두가 만족하는 집을 지어보면 어떨까, 하다가 인터넷 카페에도 가입하고, 서점에 나가 책을 몇 권 사서 보기도 했다. 그런데 막상 책을 보니 처음에 만만하게 생각하고 덤볐다간 오히려 크게 델 것 같다. 좀 더 많은 고민이 필요할 것 같다.
하루는 드라마를 보고 있는 아내에게 슬쩍 다가가 마음을 떠봤다.

"우리도 근교에 집 짓고 살아볼까?"
"우리가 무슨 재주로? 돈이 어디서 나는데?"
충분히 예상했던 반응. 하지만 말이 나온 김에 좀 더 마음을 떠보기로 한다.

"이런저런 정보도 좀 찾아보고, 실제로 집 지었다는 사람들 얘기도 인터넷에서 봤는데, 집 짓고 사는 거, 그렇게 어렵지 않은 것 같아. 우리 같은 사람들도 예산만 잘 짜면 큰 욕심 안 부리고 남부럽지 않은 멋진 집에서 살 수 있다구. 이제 전세 만기도 얼마 안 남았잖아. 요새 전세도 엄청 올라서 얼마를 더 올려달라고 할지도 모르고. 당신이 입이 닳도록 얘기했던 더 넓고 큰 주방도 가질 수 있고 말야."

TV로 시선을 향하고 있는 아내의 눈빛이 잠시 흔들리는 걸 김 부장은 놓치지 않았다.

"아이도 자기 방이 있어야 공부에 더 집중할 수 있을 테고. 마당 있는 집에서 뛰어놀면 정서에도 좋잖아. 교통 문제랑 학교 문제 정도만 잘 고려하면 괜찮을 거 같은데…."
"좀 생각해본 건 있어?"
김 부장은 목표까지 한 발만 더 가면 된다고 생각했다.

"물론이지!"

아내가 잠깐 생각에 잠긴 것 같더니 대답했다.
"실은 나도 많이 고민이 되긴 해. 그렇잖아도 행복이네 엄마도 이것저것 얘길 듣고 좀 알아보고 있는 모양이더라고. 지긋지긋한 집값 걱정 안 하고 노후까지 쓸 수 있는 새로운 공간이 생긴다는데 그걸 누가 마다하겠어? 게다가 아이 정서에도 좋고. 근데 우리 가진 돈으로 될까 싶기도 하고, 어떻게 뭐부터 시작하는지 우리가 전혀 아는 게 없잖아. 집 짓는 게 모래성 쌓기 놀이도 아니고 말야."

"그럼 우리 당장 이번 주말부터라도 차근차근 알아볼까? 알찬 정보들만 콕콕 집어서 알려주는 프로젝트를 찾았거든. 하루아침에 뚝딱 집이 만들어지는 게 아닌 이상 당신 말대로 알아야 할 것은 알아보고, 따질 것은 따져보는 거지."
"주말이라고 TV 앞에만 누워 있는 당신 모습을 보는 것보다야 낫겠지?"
"좋아, 그럼 우리도 한번 해보자!"

5분 만에 마스터하는 집 짓기 공정
예산 수립부터 준공까지

 예산

꼼꼼하게 예산을 세우는 일은 생각보다 쉽지 않다. 쓸 수 있는 한도 내에서 어느 공정에 얼마만큼의 예산을 사용할지 철저하게 계획을 세우지 않으면 거의 대부분이 애초의 예산을 초과하게 된다. 가령 터를 닦을 때 암반을 만나면 암반도 처리해야 하고, 장마철이라면 토사가 흘러내리는 것도 처리해야 한다. 시공 기간 중 지역 주민의 예상치 못한 민원도 예상해야 한다. 또한 처음 계획보다 좀 더 좋은 집을 짓고 싶은 욕심이 수시로 생기기 때문에 충분한 예산을 확보해둘 것을 권한다.

> **예산 수립 포인트!**
> - 예산을 공정별로 세분화해 잘게 쪼갠다.
> - 만약의 사태에 대비해 여유자금을 충분히 확보한다.

 땅

땅을 고르는 조건으로는 배산임수, 남향 같은 기본 조건 외에도 급수, 배수, 지반, 인접 도로, 이웃, 근린생활시설 등이 있다. 기본적인 문서(지적도, 토지/임야대장, 국토/도시이용계획 확인원, 등기부등본)를 준비해 전문가에게 검토를 의뢰하거나 관할 관청 민원실에 직접 문의한 뒤 어떠한 절차를 거쳐야 하는지 확인해두는 것이 좋다.

`Tip!` 구입한 땅에 몇 평의 건물을 지을 수 있는지 정확히 확인하자.

> **땅 매입할 때 확인할 서류**
> - 토지이용계획 확인서 : 공법상의 이용제한이나 거래규제에 관한 사항
> - 지적도, 임야도 : 땅의 형태, 경계, 도로여부확인
> - 토지대장, 임야대장 : 면적, 지목 등의 사실관계에 관한 사항
> - 토지, 건축물, 등기부등본 : 소유권 등의 권리관계에 관한 사항

 ## 설계

이제 땅 위에 어떤 모양, 어떤 자재로 집을 지을 것인지 머릿속에 그려보고 설계에 들어간다. 집의 용도와 가족 수에 따라 규모, 방의 면적과 수 등을 정한다. 필요 이상으로 넓게 하면 청소 및 관리에 문제가 생길 수 있다. 방향에 따라 출입문, 창문, 부속실 등 공간의 배치가 달라질 것이다. 좋은 설계사를 찾는 것도 중요하지만 머릿속에 구체적인 그림이 없다면 설계에 적잖이 애를 먹을 수도 있다. 빈 종이 위에 자신이 원하는 공간들을 틈틈이 스케치해두면 유용하게 써먹을 날이 분명히 올 것이다.

> **설계 프로세스**
> 타당성 검토, 현장 방문 → 자료수집, 일정표 작성 → 규모검토 및 토지이용계획 마스터플랜 작성 → 배치도, 평면도 납품/1차 건축주 보고 → 이미지 스케치, 입면도 작성 → 규모, 형태, 구조, 재료, 설비 등에 따른 예산 설정 → 배치, 평면, 입면, 단면 1,2안 납품/2차 건축주 보고 → 검토, 보완 → 건축인허가 처리문제 협의 → 설계 도면 최종 확인 → 실시설계, 구조도면, 허가도면 등 작성 → 시공사 협의 → 샵드로잉 → 최종실시설계도면 납품/3차 건축주 보고

 ## 시공 및 준공

아무리 시공업체가 믿을 만해도 무작정 맡겨놓고 완성된 집만 보러 가겠다고 생각한다면 큰 오산이다. 물론 현장에는 현장소장이 엄연히 있지만 내 집인 만큼 건축주도 함께 책임감을 갖고 지속적인 관리, 감독을 해야 한다. 설계사가 현장 감리를 하는 일정에 반드시 맞춰서 동행하는 것이 좋고, 반드시 그때가 아니라도 '내 집' 드나들 듯 이따금 현장에서 고생하시는 분들을 위해 음료수라도 사들고 방문한다면 갈등이 생겨도 매끄럽게 해결해나갈 수 있다.

> **준공 이후 필요한 절차**
> 건축물대장 발급이 완료되면 1개월 내에 건축물보존등기를 마쳐야 한다. 건축물보존등기는 건축물의 법정 공사비에 따라 등록세, 취득세를 내고, 등기부등본에 등재하는 것. 등록세는 등기 접수 시, 취득세는 건축 준공 후 1개월 내에 낸다.

집은 혼자 짓는 것이 아니다
건축주의 입장에서 본 집 짓기 과정의 세 주체

건축주
- 집을 왜 지어야 하는지에 대한 분명한 목적.
- 어떤 공간을 어떻게 사용할 것인지에 대한 계획. 나와 가족의 라이프스타일 알기.
- 모든 비용은 내 통장에서 빠져나간다는 사실! 그러니 예산 수립 계획을 체계적으로 세울 것.
- 설계자와 시공자에게 마음을 열고 서로 협의하여 결정하려는 마음의 준비.
- 빠진 자료가 없는지, 부족한 정보는 없는지 끊임없이 확인하는 꼼꼼함.
- 준공 후 집에 대한 관리, 비상 시 대처 방안 등을 준비하기.

설계자
- 어떤 스타일, 어떤 골조에서 기량을 더 발휘하는지 경력 점검은 필수.
- 기본설계 초기 단계에서부터 요구사항을 체계적으로 정리해서 보여주기.
- 첫 미팅 후 최소 두 가지 이상의 초안을 계획해서 보여 달라고 요청.
- 설계 중에도, 착공에 들어가도 설계사와의 소통은 지속적으로.
- 건축주가 비전문가라고 무시하거나 사소한 요구라고 귀 기울이지 않는 설계사와는 절대 함께 일하지 말 것.

시공자

- 시공경험이 얼마나 풍부한지 포트폴리오 검토는 반드시 확인!
- 공사가 투명하게 진행될 수 있는지, 이를 증명해줄 서류를 부탁할 것.
- 시공업체의 자금력이 충분한가? 업체의 자금력은 시공 중 자재수급부터 추후 하자보수에 관련된 문제까지 많은 영향을 미친다.
- 얼마나 확실한 A/S가 가능한지, 그 기간은 얼마나 되는지도 확인.
- 현장소장은 얼마나 부지런하고 꼼꼼한가? 내 집을 마음 편히 맡겨도 될 사람인가?

집을 짓는다는 것. 결코 만만한 일이 아니다. 나와 내 가족의 삶을 유심히 관찰하고 수많은 고민 끝에 결심한 집짓기. 생각은 바뀔 수도 있고, 고민은 어떻게든 해결되기 마련이지만 집을 짓는 과정은 중간에 하나라도 잘못되면 누군가는 책임을 져야 하고, 그 피해는 오롯이 건축주인 자신에게 돌아간다. 당연히 집의 주인은 건축주이지만, 집을 지을 때만큼은 건축주, 설계자, 시공자 각각의 주체들이 한 몸처럼 고민하고 행동해야 한다.

PART

이것만 알면
절대로
안 헤맨다

건축주들이 가장 궁금해하는 설계·시공 관리의 모든 것

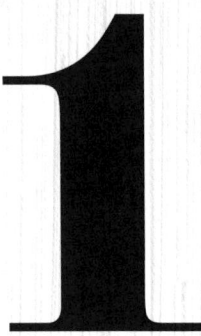

남편이 원하는 집 vs.
아내가 원하는 집

집을 짓는다는 것은
부부가 지금껏 숨겨왔거나 억눌러왔던 공간에 대한 욕망,
더 나아가 각자가 꿈꿔왔던 라이프스타일을 확인하고 이해하면서 부부의 딜레마를 극복해나가는 과정이다.

집짓기의 시작은 '콘셉트'를 결정하는 것이다. 그 콘셉트를 결정하는 데 가장 중요한 과정이 가족 구성원 각각의 욕구를 읽는 것이다. 흔히 남편과 아내는 집에 대해 다른 상상을 한다. 가령 아내는 이웃과의 관계, 문화생활, 쇼핑, 교육 등 도시에서 좀 더 편리하게 이루어지는 삶을 원하는 반면에 남편은 출퇴근 문제가 크지 않다면 입지에 호의적인 편이다. 이 간극을 좁혀가는 것이 집짓기의 시작이고, 그런 이후에 원하는 집의 콘셉트를 명확하게 할 수 있다.

대개 남자들은 '자신만 공간'에 대한 로망이 큰 편인데, 가끔씩 이 욕망이 집짓기의 주된 동기가 되기도 한다. '나만의 서재', '나만의 작업실' 등 누구에게도 방해받지 않는 자기만의 공간은 남자에게 도서관이 되고 음악 감상실이 되고 영화관이 되기도 한다. 반면에 여자는 현실적이다. 맞벌이 부부라면 벌써 출퇴근 교통편도 걱정이고, 아이가 다닐 유치원, 학교, 학원은 괜찮은지, 냉난방 걱정에, 독립적인 공간과 개인적인 공간을 어떻게 나눌 것인지 등등 걱정이 한두 가지가 아니다. 하다못해 부부가 함께 차를 마실 수 있는 테라스의 위치, 아이들이 다 자라서도 편하게 생활할 수 있는 방, 안방의 드레스 룸과 모던한 욕실, 보안, 생활쓰레기 처리, 심지어 온도와 습도에 강한 자재까지… 신경 써야 할 것들 천지다.

집짓기는 가족 구성원, 특히 남편과 아내가 가지고 있던 서로 다른 욕망을 확인하고 그 딜레마를 극복하는 과정이다.

나만의 공간, 나만의 은신처…
남자들의 집짓기 로망은
서재에서 시작한다 해도 과언이 아니다.

와~!
정말 근사하지 않아?

으이구,
언제 철들래?

"이런 주방이 내 것이었으면!"
하지만 여자들의 집짓기는 좀 더 현실적이다.
한마디로 신경 써야 할 것이 너무 많다.

한 연구에 따르면 아내가 동선과 배치에 대한 경험적 데이터를 남편보다 훨씬 많이 가진다고 한다. 특히 여성들이 가장 중요하게 생각하는 공간은 주방이다. 그런데 남자들의 서재와 달리 주방을 어떻게 하느냐에 따라 집의 구조가 엄청나게 달라질 수 있다. 다시 말해 집짓기의 대부분은 아내의 의견에 좌우될 여지가 많다.

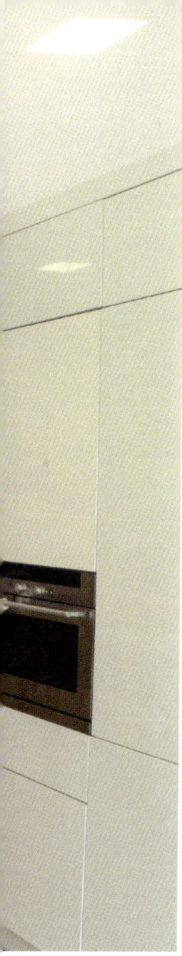

집을 짓는다는 것은 부부가 지금껏 숨겨왔거나 억눌러왔던 공간에 대한 욕망, 더 나아가 각자가 꿈꿔왔던 라이프스타일을 확인하고 이해하면서 부부의 딜레마를 극복해나가는 과정이다. 배우자에게 일방적인 희생만을 강요할 수도 없고, 배우자의 오랜 소망을 단칼에 자를 수도 없다. 그래서는 집을 지을 수 없다. ==집짓기의 목적이 가족 모두가 각자의 삶을 편안하게 누리고 행복하게 사는 데 있음을 잊지 말자.==

2

땅을 살 때 반드시
생각해야 할 것들

좋은 땅을 고른다는 것은 좋은 집을 짓는 것과 같다.
땅을 고를 때 가장 먼저 해야 할 일은 내가 살게 될 땅과 대화하는 일이다.
땅을 보면서 내가 살게 될 집을 머릿속으로 상상해보자.

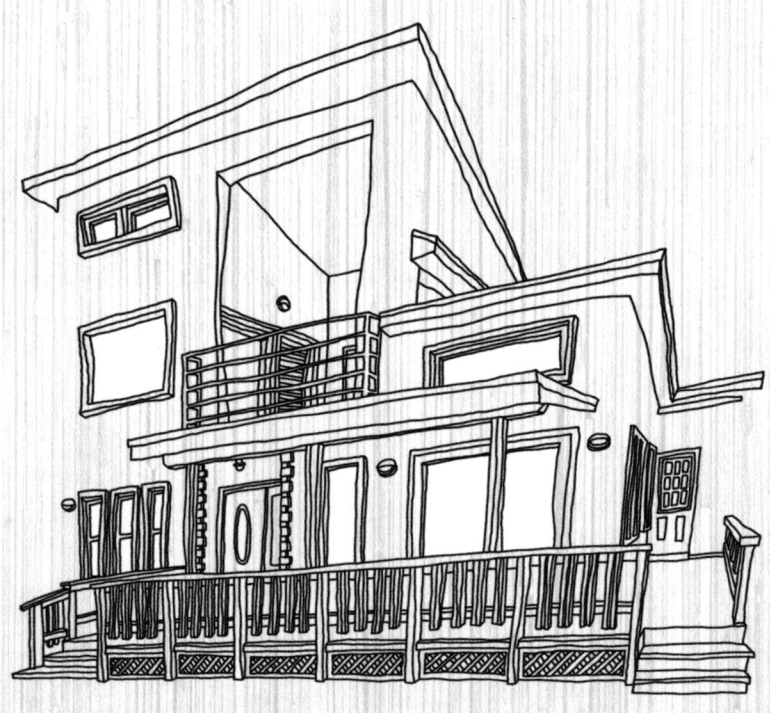

집을 짓기로 결심한 이후에 시작되는 최초의 고민. 바로 입지다. 그런데 이 문제는 돈과 직결되어 있다. 가진 돈이 많다면야 도로, 대중교통, 편의시설, 학교 등 주변 인프라가 잘 갖춰진 곳, 그러면서도 단독주택만이 누릴 수 있는 자연환경이 어우러진 곳을 찾으면 된다. 심지어는 탁 트인 조망과 기운이 생동하는 풍수까지…. 생각만 해도 신나는 일이다. 그러나 문제는 통장 잔고. 본격적인 집짓기 과정에 돌입했을 때 가장 처음 고민해야 하는 땅 매입, 다시 말해 '입지' 문제다.

일반적으로 집을 짓기 위한 땅은 두 가지로 분류할 수 있다. 먼저 집짓기에 최적의 조건이 이미 갖춰진 부도심권 택지지구 내에 조성되어 있는 '주거단지'. 그리고 논, 밭, 임야를 집을 지을 수 있도록 분할하고 개발할 수 있는 '농지'.
'주거단지'는 주거의 목적으로 조성된, 토목과 우·오수, 전기, 통신 등 집을 짓기 위해 이미 준비가 되어 있는 땅이다. 편익시설과 문화시설이 근접해 있기 때문에 분양가가 높다. 또한 농지와 달리 이웃을 얻을 수 있다는 장점을 가진다. 도시와 접근성이 좋다는 것은 직장과의 거리, 자녀가 다니게 될 학교와의 거리나 의료보건 시설, 금융권, 마트 등 편의시설과의 거리가 가깝다는 것을 의미한다.

'농지'는 농지전용허가 및 개발행위에 대한 허가를 받아 집을 지을 수 있는 땅이다. 이때 지가는 주거단지에 비해 확연히 낮다. 대신에 절차가 까다롭기 때문에 토목설계사무소의 도움을 받아야 한다. 일반적으로 농지의 경우 넓은 땅을 매입해 마당으로 사용한다. 어차피 전용을 받게 되면 건폐율이 20~40%이기 때문에 남는 땅은 마당으로 쓰는 것이 좋다. 주거단지에 비해 마당을 넓게 쓸 수 있어서 텃밭의 크기도 더 커질 것이고 굳이 꾸미지 않더라도 자연과 어우러진 아름다운 마당이 생길 수 있는 장점이 있다.

농지를 구입할 때 가장 중요한 요소 중 하나는 방향과 조망이다. 방향은 동남향이 가장 좋다. 해가 가장 잘 들어와 집을 지었을 때 볕을 집 안으로 가져오기 가장 좋기 때문이다. 이럴 경우 가족이 가장 많은 시간을 보내는 거실에 향의 중점을 두고 설계가 들어갈 것이다. 물론 2층 테라스를 구성할 때도 마찬가지다.

==땅은 반드시 직접 두 눈으로 확인하고 매입하는 것을 원칙으로 하되 토지 이용계획 확인서, 토지대장, 등기부등본 등 필수 서류도 꼼꼼히 살펴야 한다.==

향이 좋지 않다고 해서 실망할 필요는 없다. 설계를 통해 얼마든지 볕을 집 안으로 가져올 수 있다. 실제로 향이 좋음에도 향을 포기하고 조망권 때문에 북향으로 집을 짓는 사람들도 더러 있다. 조망권이 좋다는 것은 집에 자연을 더 많이 담을 수 있다는 것이다. 향을 통해 볕을 가져오느냐 조망권을 확보해 자연을 집에 담느냐는 결국 건축주의 선택에 달려 있다.

마지막으로 중요하게 고려해야 할 것은 공해 및 혐오시설과의 거리다. 주변에 축사나 돈사, 공장부지가 많거나 이런 종류의 시설과 너무 가깝다면 생활의 질을 떨어트리는 요소가 된다. 쾌적한 생활환경을 위해 공해나, 소음, 오물, 폐수가 흐르는 길까지도 꼼꼼하게 체크할 필요가 있다.

좋은 땅을 고른다는 것은 좋은 집을 짓는 것과 같다. 좋은 집은 땅을 가장 잘 이해하고 그 땅에 가장 최적화된 집이기 때문이다. 땅을 고를 때 가장 먼저 해야 할 일은 내가 살게 될 땅과 대화하는 일이다. 땅을 선정할 때 내가 가장 먼저 하는 일도 건축주의 라이프스타일을 듣고 그 땅과 대화하는 일이다. 땅을 보면서 나와 내 가족이 살게 될 집을 머릿속으로 상상해보자. 집의 형태와 구조, 배치뿐만 아니라 그 안에서 만들어질 동선까지. 그리고 온 가족이 행복해하는 모습까지도 말이다. 다시 한 번 명심하자. 좋은 집을 짓기 전에 좋은 땅을 찾아야 한다.
좋은 땅 위에서 참신한 설계와 탄탄한 시공이 이루어진다.

집짓기 IQ 물리적 거리보다 중요한 심리적 거리

심리적 거리는 물리적 거리에 대한 상대 개념으로 최근 더 중요시 되는 거리 개념입니다. 실제 거리가 도심보다 멀더라도 교통량이 적어 출퇴근 등 이동이 신속하다면 심리적 거리는 가까운 것이죠. 주거지가 멀더라도 교통 체증이 적거나 전철, 도로망 등이 잘되어 있다면 외곽 지역이라 하더라도 심리적으로 시내보다 더 가깝게 느껴집니다. 이와 반대로 시내라 하더라도 편의시설과 직장이 그리 멀지 않은데도 교통 체증, 대중교통 망이 불편한 곳이라면 심리적 거리가 먼 곳입니다. 이 때문에 주변 편의시설을 단지 개발업체에서 직접 운영하거나 공원과 호수, 각종 레저를 즐길 수 있도록 조성하기도 합니다. 물론 이렇게 택지 조성이 잘되어 있을수록 지가도 상승합니다. 따라서 주거단지에 입주할 경우에는 접근성, 편의시설, 지가를 복합적으로 체크하는 것이 중요합니다.

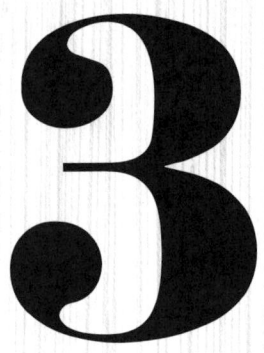

3

착한 예산으로
집 짓기

집을 경제적으로 잘 짓고자 할 때 가장 중요한 것은 무엇일까?
집이 맞춤정장이라면 설계사는 디자이너, 현장소장은 장인이다.
이 두 관계가 서로 다른 점을 인정하고 적극적으로 협력할 때
살기 좋은 집, 경제적으로 잘 지은 집이 탄생한다.

"데크가 조금만 더 앞으로 나오면 좋겠는데요, 주방에 수납공간 하나 더 만들 수 없을까요? 다락방 높이가 너무 낮은 것 같아요…."
시공 현장에 들른 건축주들이 이렇게 말할 때마다 들리는 소리가 있다. 바로 예산 초과하는 소리, 돈 나가는 소리다. 세상에 완벽하게 만족을 주는 집은 없다. 다만 마음에 드는 집을 만들려고 노력할 뿐이다.

최고는 아니지만 최선이라고 말할 수 있는 집이 가장 완벽에 가까운 집이다. 완벽을 기해 정성껏 시공하는 것은 두 말할 필요도 없다. 여기서 당부하고 싶은 '집을 잘 짓는 방법'은 다름 아닌 '경제적으로 잘 짓는 방법'이다. 이것이 가장 현실적인 대안이며, 주어진 예산 범위 안에서 합리적인 접근을 시도하는 것이다.

'설계'와 '시공'은 불가분의 관계다. 설계가 아무리 잘되어도 시공이 엉망이면 좋은 집이 완성될 리 없고, 시공이 잘되어도 설계가 건축주의 라이프스타일을 제대로 반영하지 못했다면 불편함을 겪을 수밖에 없다. 일반적으로 집을 지을 때는 크게 두 가지 형태의 진행 절차를 따른다.

==첫째, 설계 후 예산을 세우고 시공업체를 선정해서 진행하는 방법.==
==둘째, 시공예산에 맞춰 자재까지 선정한 후 설계에 들어가는 방법.==

* 실제 집 짓기에 들어가는 비용은 PART 2의 다양한 사례를 참고하자.

집짓기 IQ 공사기간과 비용의 상관관계?

사실 시공업체가 공기를 단축시키려는 까닭은 건축주를 빨리 입주시키고자 하는 목적도 있지만, 공기 단축이 이윤을 더 많이 발생시키기 때문입니다. 또한 정성스럽게 시공한다는 전제 하에 공기 단축은 오히려 하자를 줄이기도 합니다. 공기 단축이 하자율을 높인다는 생각은 그야말로 오해인 거죠. 공정 간 간격이 짧아질수록 현장소장과 인부들의 집중도를 높이고, 결과적으로 집의 높은 완성도(낮은 하자율)로 이어집니다. 시공업체는 시공업체대로 이윤을 높이고 건축주는 낮은 하자율과 비용 절감으로 만족도를 높이게 됩니다.

일반적으로는 설계 후 예산을 수립하는 경우가 많다. 하지만 주택은 수익성을 고려한 사업이 아닐 뿐 아니라 예산 범위를 넘어서는 고급자재를 마음껏 쓸 수 없는 것이 현실이다. 설계를 맡긴 후에 엄청난 예산이 필요하다는 것을 알고 나서 집짓기 계획 자체를 아예 포기하는 경우도 발생한다. 그러나 더 큰 문제는 예산의 범위를 초과해 시공한 경우다. 이런 경우 완공에 가까워질수록 엄청난 부채를 떠안게 된다. 더 이상 지을 수도 그렇다고 멈출 수도 없는 사면초가에 이르게 되는 것이다. 예를 들어 시공업체가 변경되거나 인부들이 교체되어 발생하는 공사기간 연장은 비용 증가로 직결된다.

그렇다면 예산에 맞춰서 설계하는 방법은 뭘까? 여기에는 건축 과정 또는 설계자에 대한 정확한 이해가 필요하다. 건축 과정은 맞춤정장에 비유할 수 있는데 이때 설계자는 디자이너, 현장소장은 장인이다. 이 두 관계는 유기적이어서 상대를 서로 인정하지 않으면 보기에도 멋질 뿐만 아니라 입기에도 편한 옷을 만들 수가 없다. 설계자는 시공자와 자재에 대한 정보, 시공 시 필요한 기술 숙련도 등에 대해 충분한 대화를 나눠야 한다. 그런 후에 예산과 자재 활용 등에서 융통성 있는 설계가 가능하다. 이런 과정을 통해 현장에서 발생할지도 모르는 오해나 문제점을 미연에 차단할 수 있다. ==좋은 집은 건축주, 설계자, 현장소장의 상호 존중을 바탕으로 막힘 없는 소통이 이루어질 때 비로소 탄생한다.== 예산에 맞는 옷감을 선택하고 옷감에 어울리는 디자인을 통해 아름답고 편한 옷으로 승화시키는 맞춤정장과 같이 좋은 집도 그렇게 만들어지는 것이다.

4

싸고 좋은 집을 짓는 가장 쉬운 방법

'싸고 좋은 집'은 집을 지으려는 사람들의 한결같은 고민이다.
'어떻게 하면 싸고 좋은 집을 지을 수 있을까요?' 여기에 대답하기 전에
나는 먼저 건축주가 자신의 예산을 존중하고, 상황에 따라 적절한 융통성을 발휘할 수 있는
마음의 준비가 되어 있는지 확인해보길 권한다.

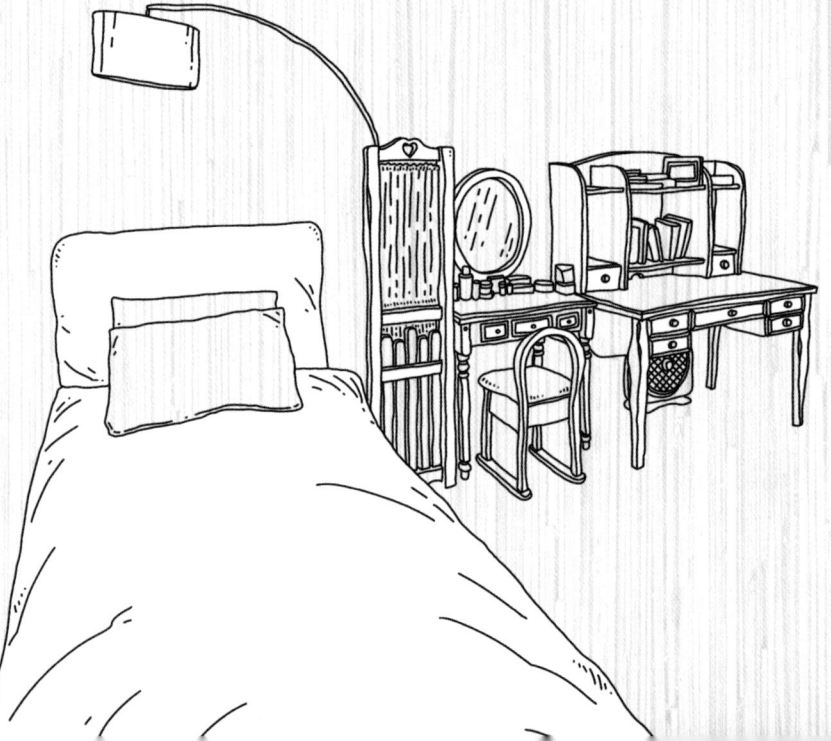

집은 무수히 많은 자재들로 지어진다. 요새는 집짓기에 대한 정보를 누구나 쉽게 얻을 수 있어서 상담할 때 나름의 적정 예산을 이미 수립해오는 건축주들도 점차 늘어나는 추세다. 관심 있는 자재의 규격이나 생산지까지 알아보고 필요한 정보를 차곡차곡 프린트해서 가져와 설계 시 적극적으로 반영해달라고 요구하는 사람도 있다.

건축사나 시공업체에서 알아서 해주겠지 하며 신경 한 번 안 쓰고 있다가 완공 시기가 되어서 이런저런 수정을 요구하는 것보다는 분명히 바람직한 현상이다. 그러나 무조건 '싸게' 지어달라고만 하면 난감하다. 프린트된 자료에는 비싼 자재 리스트만 수두룩할 때가 많기 때문이다.

그렇다. 비싼 자재는 비싼 집을 의미한다.

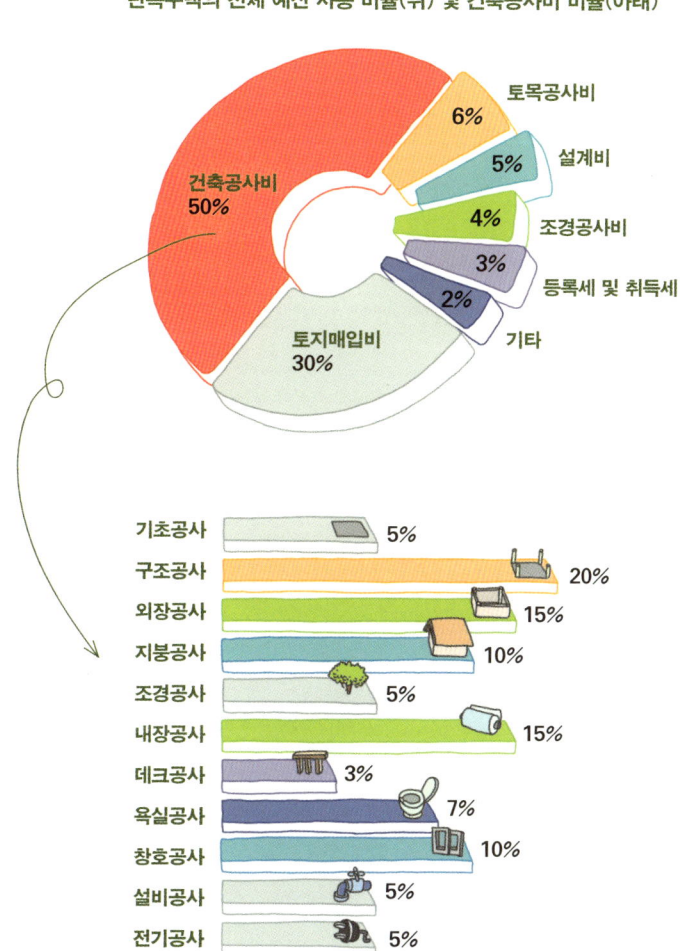

먼저 현실성 없는 자재 리스트보다는 건축주 본인의 라이프스타일을 반영할 수 있는 설계와 그에 맞는 예산을 생각해야 한다. 비싼 자재는 비싼 집을 의미하지만, 그렇다고 무조건 좋은 집을 보장하지는 않는다. 당장의 계약만을 염두에 둔 업자라면 책임지지 못할 일이 될 게 뻔한데도 건축주의 제안을 그대로 받아들일 것이다. 이렇게 공사가 시작되면 건축비 상승으로 인한 갈등은 예정된 수순이다. 집을 짓는 과정 내내 피 터지는 싸움을 해야 한다.

이럴 때 필요한 것이 바로 융통성이다. 주변 환경을 이용하거나 대체 자재를 활용하면 만족도는 만족도대로 높이고 예산은 예산대로 아낄 수 있다. 보통 많은 건축주들이 좋은 외장재로 집을 치장하기를 원하는데, 이런 경우 지형을 활용하면 좋다. 예를 들어 집 후면이 산으로 가려져 있고 측면이 사람들의 눈에 잘 띄지 않는다면 시멘트 사이딩 공법을 활용함으로써 예산을 절감할 수 있다. 눈에 보이지 않는 곳은 저렴하면서도 내구력이 강한 자재를 활용하고, 사람의 눈에 띄는 전면은 고급스러운 파벽돌을 활용함으로써 비용은 절감하되 전체적인 만족도를 높이는 것이다. 비용 절감과 고급스러운 분위기와 내구성을 동시에 만족시키는 집은 충분히 가능하다.

전면을 파벽돌로 시공하고 눈에 잘 띄지 않는
측면과 후면을 시멘트 사이딩으로 시공한 모습.
비용은 절감하고 만족도는 높이는 효과를 거둔 좋은 사례이다.

무한한 예산을 가지고 집을 지으려는 사람은 없다. 나름의 적정 예산도 있고, 이 정도면 지을 수 있겠다는 판단을 내릴 수 있는 수많은 정보들이 지천에 널려 있다. 처음의 질문으로 돌아가보자. 어떻게 하면 싸고 좋은 집을 지을 수 있을까? 삶의 질, 집의 멋과 아름다움, 편리함과 독창성… 무엇을 우선순위에 두어야 할까? 앞서도 강조했지만 자신의 예산을 존중하되 융통성 있는 자세가 필요하다. 그래야 필요한 것과 불필요한 것, 할 수 있는 것과 할 수 없는 것을 현명하게 가려낼 수 있다. 싸고 좋은 집이란 그렇게 탄생하는 것이다.

DESIGNER AND CONSTRUCTOR

나에게 맞는 설계자와 시공사 만나기

어떻게 하면 좋은 설계자, 좋은 시공사를 만날 수 있을까? '좋다'는 것은 지극히 주관적인 기준인 데다 똑같은 업체라도 건축주의 성향에 따라 만족도가 다르기 때문에 절대평가가 불가능하다. 그럼에도 상당수의 건축주들은 집짓기 초기 단계부터 누구에게 설계를 맡겨야 할지 수많은 선택지를 놓고 고민에 빠지곤 한다.

좋은 건축사사무소를 찾는 일은 쉽지 않지만 그렇다고 어려운 것도 아니다. 병원도 내과, 외과, 산부인과, 성형외과 등 전문분야가 다르듯 건축사사무소도 전문분야가 다르다. 아파트를 전문적으로 설계하는 건축사사무소가 있는 반면 주택을 전문적으로 설계하는 건축사사무소가 있다. 주택을 전문으로 한다고 해서 다 같지도 않다. 예를 들어 원룸만을 전문적으로 하는 건축사사무소는 단독주택 설계를 할 수 있을지는 몰라도 단독주택 전문 건축사에 비해 실력이 현저히 떨어질 수밖에 없다. 여기서 다시, 단독주택을 전문으로 한다고 해서 다 나에게 맞는 주택을 설계할 수도 없다. 내가 짓고자 하는 집의 골조(목조인지, 콘크리트인지 등등)에 따라서도 달라지기 때문이다. 공법에는 콘크리트 주택과 같은 습식공법, ALC주택과 같은 블록공법, 목조나 스틸과 같은 건식공법이 있다. 이처럼 다양한 공법이 있기 때문에 각 공법에 맞는 전문 건축사를 찾는 것 또한 중요하다. 가능하다면 인터넷 홈페이지, 주택 포트폴리오, 포털사이트 등을 통해 혹시 문제가 없었는지 확인해보는 것도 좋다.

어떤 건축사가 좋을지 큰 윤곽이 잡히고 대강 후보가 결정되었다면 건축사 면허를 잘 확인해 봐야 한다. 건축사 면허는 의사 면허와 같이 건축 설계를 하는 데 그 실력을 인정한다는 하나의 객관적인 자료이기 때문이다. 건축사 면허를 취득하지 못해 다른 건축사의 면허를 빌려서 운영하는 경우도 더러 있기 때문이다. 그럴 경우 설계 경력과는 별개로 실력에 대해서는 한 번쯤 의심해볼 필요가 있다. 마지막으로 의사소통이다. 건축사의 집을 지으려는 게 아니라 내 집을 짓는 일이기 때문에 고집이 너무 강한 건축사는 피하는 것이 좋다. 나의 라이프스타일과 현재 상황을 이해해주고 잘못된 점을 바로잡아주는 건축사를 찾자.

그렇다면 좋은 시공사의 조건은 무엇일까? 실력 있는 현장소장이 얼마나 많이 있는지, 그리고 그 업체의 시스템과 자금력이라 할 수 있다. 뛰어난 현장소장이 한두 명 있는 것만으로는 부족하다. 왜냐면 그 소장이 반드시 나의 집을 시공해준다는 보장이 없기 때문이다. 다시 말해 좋은 현장소장이 많다는 것은 시공 중에 혹시라도 건축주가 불만을 제기할 때 마음에 드는 소장으로 교체할 수 있는 확률을 높여준다. 좋은 현장소장의 조건은 연륜보다는 경험이 풍부하고 인성이 좋아 건축주를 속이지 않는 사람이다.

한편 현장에서는 아주 많은 형태로 뒷돈을 챙길 수 있기 때문에 시공사가 이를 방지해주는 시스템을 잘 갖추고 있는지 확인해봐야 한다. 좋은 시공사일수록 현장 감리체계가 확실하다. 축구도 규칙이 있고 심판이 있어야 재미가 있듯이 현장도 규율이 있고 현장 감리자가 있어야 더 잘 운영된다. 공무팀이 별도로 존재해서 뒷돈이 새어나가지 않도록 잡을 수 있어야 하고, 현장 감리자들이 현장을 직접 파악하면서 회사에 보고할 수 있어야 한다. 이런 시스템이 갖춰진 회사라면 건축주의 소중한 돈이 허투루 쓰이는 일은 없을 것이다.

마지막으로 가장 중요한 조건은 그 회사의 자금력이다. 자금력이 없다면 추후 하자보수 A/S도 안전하게 받기 쉽지 않다. 자금력이 있어야만 자재 업체와의 거래도 원활하다. 실제로 우리나라에는 부실한 시공업체들이 너무 많아 직접적인 피해를 본 건축주가 한둘이 아니라는 보고가 있다. 큰 피해를 본 뒤 무조건 큰 시공사만을 찾는 경우도 많다. 이런 피해의 당사자가 되지 않으려면 그저 싸게만 지어준다는 작은 업체들의 말을 한 번쯤 의심해볼 필요도 있다. 집을 짓는 데 자재와 인건비는 60% 이상 소요된다. 기업의 이윤을 포기하고 나에게만 싼 값에 집을 지어줄 수 있는 업체는 세상 어디에도 없다. 공정하고 투명한 시스템과 자금력을 갖춘 업체를 찾는 것이 불상사를 미연에 방지하는 길임을 잊지 말자.

5

나에게 어울리는 주택 유형 찾기

골조는 우리가 흔히 말하는 '집을 만드는 뼈대'를 의미한다. 집의 근간을 이루는 뼈대를 어떤 자재로 사용하느냐에 따라 집의 전체적인 느낌과 기능이 달라진다. 이번 장에서는 골조의 자재에 따른 주택 유형과 그 장단점을 꼼꼼히 살펴보기로 한다.

집을 짓기 위한 사전 준비가 어느 정도 끝났으면 이제 나와 내 가족이 어떤 집에서 살고 싶은지 좀 더 깊은 고민이 필요하다. 이때 어떤 자재로 집을 지을 것인가가 중요한 문제로 대두된다. 자재는 곧 예산을 어떻게 사용할 것인가라는 문제와 직결될 뿐만 아니라 그 집에서 살게 될 가족 구성원들의 정서까지 좌우하기 때문이다.

골조는 우리가 흔히 말하는 '집을 만드는 뼈대'를 의미한다. 집의 근간을 이루는 뼈대를 어떤 자재로 사용하느냐에 따라 집의 전체적인 느낌과 기능이 달라진다. 이번 장에서 살펴보게 될 집의 유형은 목조 주택, 노출콘크리트 주택, ALC 주택, 스틸하우스, 패시브하우스, 이렇게 다섯 가지다. 골조별 특징, 장점과 단점 등을 살펴보고 나면 어떤 자재가 나에게 잘 맞는지, 완성되었을 때 어떤 느낌이 될지 훨씬 쉽게 예상해볼 수 있을 것이다.

목조주택

이런 분에게 추천합니다 ▶▶ 적은 예산 때문에 집짓기를 망설이고 있는 분. 나무 본연의 쾌적함과 아늑한 공간을 추구하는 분. 시공, 관리, 단열 등 비용 대비 다양한 효과를 누리고 싶은 분. 다양한 측면에서 시공비를 절감하고 싶은 분.

목조주택은 말 그대로 목조를 골조로 한 주택이다. 일부 사람들이 오해하고 있는 것과 달리 목조주택은 통나무집과는 시공방법에서부터 마감까지 모든 공정이 다르게 진행된다. 목조주택은 무엇보다 쾌적한 실내 환경을 유지한다는 강점을 지니고 있다. 실내가 건조할 때는 습기를 방출하고 습도가 높을 때는 수분을 흡수한다. 또한 외부 소음을 차단함과 동시에 편안한 소리만을 전달하는 것도 큰 장점 중 하나다. 이제 목조주택의 대표적인 장점을 하나씩 살펴보자.

목재의 단열성은 콘크리트의 7배, 철의 176배에 이른다. 목재가 지닌 기본적인 단열 성능에 샛기둥, 장선, 서까래 같은 구조 사이 공간을 유리섬유(글라스울) 등과 같은 단열재로 채우면 더욱 뛰어난 단열 성능을 발휘한다. 목조주택의 에너지 효율이 높은 이유다.

역설적인 이야기지만 목조는 불에 쉽게 타지만 구조재 자체를 태우면서 불이 번지기 때문에 불이 확산되는 속도는 콘크리트 구조물에 비해 오히려 느리다. 다시 말해 목조는 불에 약하기 때문에 오히려 화재에 안전하다. 한국건설기술원에서 실시한 목구조에 대한 내화 성능 실험에서, 반대편 벽재에 불을 붙인 후 85분이 경과해서야 비로소 그 반대편 벽체로 불길이 번진다는 결과도 있다.

즉, 목조주택은 화재 발생 시 연소 및 화재 확산 속도가 느리고, 유해가스 발생이 적어 탈출 가능성도 높다. 화재 시 목숨을 잃게 되는 요인이 질식사라는 통계에서 알 수 있듯이 이는 목조주택의 큰 강점이다.

집짓기 IQ 유리섬유? 석면?

'유리섬유' 혹은 '유리솜'이라 불리는 글라스울(Glass wool)은 공기를 여과해서 청정하게 만드는 필터 등에 사용되며 차음재, 흡음재로도 사용됩니다. 건축에서는 열을 차단하는 대표적인 충전재입니다. 유리섬유를 석면과 혼동하는 경우가 종종 있는데, 석면은 암석에서 섬유처럼 가늘게 실을 뽑아 만든 솜이며 인체에 쉽게 흡입되어 폐에 박혀 암을 유발하는 1급 발암물질입니다. 반면에 유리섬유는 국제보건기구(WHO)에 의해 '그룹 3'에 차(tea)와 함께 안전한 물질로 규정되어 있습니다. 참고로 커피, 자외선, 유리섬유 가운데 발암 확률이 높은 순서는 '자외선 > 커피 > 유리섬유'입니다.

목조주택은 다양한 측면에서 비용을 절감할 수 있다. 4계절 어느 때라도 공사가 가능하며, 모든 자재가 규격화되어 있어 좀 더 저렴한 가격에 자재 수급이 가능하다. 목재는 기본적으로 가벼운 자재이기 때문에 시공도 용이하고 인건비도 최소화할 수 있다. 다른 자재보다 훨씬 경제적이라는데 마다할 이유가 있을까?

또한 목조주택은 시공 중이라도 다른 공법에 비해 구조변경이 용이하다. 완공되어 사용 중인 건물에서도 가변과 증축이 가능하다는 것은 크나큰 장점이다. ==그러나 구조 변경은 특수한 상황이 발생했을 때만 활용하기를 권한다. 시공 중에 설계를 변경하는 것은 막대한 예산 손실로 직결되기 때문이다.==

경량목구조의 평균 내구 연수는 100년 이상이다. 특유의 탄성으로 지진이나 태풍 등 횡력이 작용할 때도 다른 구조체보다 튼튼하게 버틴다. 보수공사도 필요에 따라 간단히 이루어질 수 있으며, 간단한 도구만 있으면 자르고 파고 다듬을 수 있기 때문에 스스로 필요한 관리를 할 수 있다.

단열, 내화성, 낮은 공사비, 가변성 등 다양한 목조주택의 장점은 내 집을 지으려는 사람들의 꿈을 현실로 한 발 더 다가서게 하는 데 기여했다.

TRUE
OR
FALSE

목조주택에 대한 오해와 진실

직업이 직업인지라 건축박람회가 열리면 여기저기 기웃거리며 전시장을 배회하곤 한다. 한 번은 철근콘크리트 구조로 된 굉장히 특이한 건축물을 프레젠테이션하고 있는 부스 앞에 멈춰 선 적이 있다. 처음 접하는 공법이라 마냥 신기해하며 끝까지 설명을 들었다. 그런데 설명 과정에서 한 가지 동의할 수 없는 이야기를 들었다. 목조 건축은 주택에 어울리지 않으며, 성냥개비 집이 무슨 주택의 역할을 할 수 있겠느냐는 말이었다. 과연 그럴까?

실제로 목조주택을 상담할 때 많은 건축주들이 의구심을 가지고 있다. 요즘은 목조주택에 대한 개념이 어느 정도 잘 정립되어 있어서 심각하게 우려하는 추세는 눈에 띄게 줄어들고 있지만, 여전히 목조에 대한 불안감은 존재하는 것 같다. 그 순서를 나열해보면 대략 화재, 단열, 내진 등이다. 결론부터 말하면 목조주택은 화재에 대한 안전성이 떨어지는 주택이 절대 아니다. 철근콘크리트나 벽돌주택에 사용되는 단열재는 스티로폼이 대부분인데, 이는 화재 발생 시 유독가스는 물론 화재를 활성화시키는 여러 물질들을 내뿜으며 더욱 화재를 확산시킨다. 반면 목조주택은 화재발생 시 연소도 및 화재 확산도가 낮아 화재 확산 시간을 지연시킬 수 있다. 철구조 건축물과 비교해보아도 목재의 단열성이 높기 때문에 높은 온도에서 구조성능 악화가 철구조보다 늦다. 화재가 발생했을 때 화염에 휩싸이는 것보다 유해가스로 인한 질식사가 훨씬 많다는 통계를 봐도 목조주택의 안전성이 얼마나 뛰어난지 짐작할 수 있을 것이다.

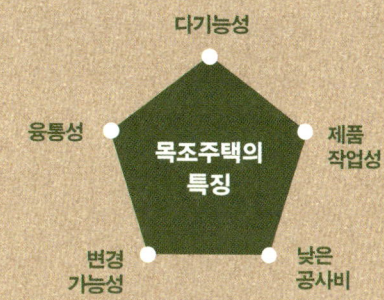

다음으로 단열. 한때 센세이션을 일으킨 ALC 주택은 그 자체가 단열재인 벽돌을 쌓아 올리는 구조였다. 단열에 가장 뛰어날 뿐만 아니라 실평수도 넓게 나온다는 장점들에도 불구하고 습기에 취약하다는 치명적인 단점(물론 어떻게 시공하느냐에 따라 정도의 차이는 있다)을 지니고 있다. 목조주택은 골조에서 우수한 단열 성능을 발휘한다. 골조 공간 사이를 유리섬유와 같은 단열재로 가득 채우기 때문에 같은 두께의 벽돌 건물보다 단열성이 뛰어날 수밖에 없다. 여기에 목재 자체가 지닌 습도 조절 기능은 여름철의 습기와 겨울철의 건조함을 억제해주기도 한다.

목조주택의 내진성은 일본이나 중국에서 크고 작은 지진들이 일어났을 때 이미 입증됐다. 지난 2009년 일본에서 이루어졌던 한 내진성 테스트에서는 다층목조건축물에 지진과 같은 충격이 가해졌을 때 고무줄처럼 건물이 휘청거리면서도 무너지지 않고 버텨냈다는 결과도 있다. 나무 특유의 연성이 지진의 충격을 흡수해버린 것이다. 2010년 밴쿠버 동계올림픽 때 이목을 끌었던 메인 스타디움 역시 목조건물이었다. 목조건물은 내구성이 떨어지며 자유로운 구조에 제한적이라는 전문가들의 편견을 깨고 엄청난 크기를 자랑했다.

목조주택은 단점보다 장점이 훨씬 많은 집이다. 계절에 따른 습도 유지, 적당한 탄성, 소음 차단과 함께 편안함을 주는 소리만을 전달하는 특성, 안락함과 정서적 안정감, 무엇보다도 다른 자재에 비해 저렴한 공사비 등을 들 수 있다. 또한 집이 완공된 후에도 구조 변경과 추가 공사가 비교적 쉽다.

집짓기 IQ | 상대적으로 저렴한 목조주택

목재를 골조로 선택하고 평당 350만 원으로 집을 짓는다고 가정해보겠습니다. 이때 스틸은 평당 400~450만 원, ALC는 350만 원이 발생합니다. 물론 ALC는 습기에 취약하기 때문에 이중공법으로 하면 400~450만 원, 철근콘크리트는 470~480만 원이 발생합니다. 하자가 적고 실평수 또한 넓게 나오는 가장 경제적인 골조인 셈이죠. 만약 전용면적 30~40평대 집을 짓고자 한다면, 목조주택을 선택할 것을 강력히 추천합니다.

노출콘크리트 주택

이런 분에게 추천합니다 ▶▶ 1년 4계절 변화무쌍한 집의 매력을 원하는 분. 견고하고 튼튼한 집을 원하는 분. 전문적인 직업이나 모던한 라이프스타일을 추구하는 분. 누가 봐도 감각적이고 세련된 스타일이라는 소리를 자주 듣는 분.

근대건축의 중심이 되어온 철근콘크리트. 그중에서도 노출콘크리트는 일반 콘크리트나 벽돌로 구성된 벽체와는 사뭇 다른 느낌을 전달하며, 아직도 많은 사람들의 호기심을 불러일으킨다. 노출콘크리트 공법은 넓은 의미에서 치장콘크리트 공법에 속한다. 이 공법은 탈형 후 콘크리트 표면을 단순 노출시키거나 거푸집재의 나뭇결 무늬 그대로 치장 없이 마무리하는 것이다. 이 외에도 표면에 양각 또는 음각 문양을 새기는 방법, 표면에 색상을 입히거나 광택을 표현하는 법 등도 모두 포함한다.

다양한 표정, 연출과 의외성. 노출콘크리트의 매력을 한마디로 말하기는 어렵다. 그럼에도 많은 설계사무소에서 시행착오를 거듭하면서 꾸준한 관심을 가지고 노출콘크리트 주택을 다루는 이유는 취급상의 어려움과는 별개로 그 이상의 끌리는 무언가가 있기 때문이다. 목조주택 못지않게 수요가 꾸준한 것도 바로 끌리는 그 무언가 때문이 아닌가 싶다.

노출콘크리트의 표정은 시간, 기후, 디자인에 따라 다양하게 변한다. 웅장하고 무거운 자재의 특성 속에서도 의외로 가볍고 산뜻한 이미지를 발견할 수 있으며, 거친 표면에서 동시에 매끄러움을 느낄 수도 있다. 이런 무작위적인 변화와 의외성이 바로 노출콘크리트의 개성과 매력이다. 이 매력을 감당할 수 있겠는가?

집짓기 IQ 정말 콘크리트가 새집 증후군의 주범일까?

사실 콘크리트 자체에 문제가 있는 것은 아닙니다. 문제는 이를 어떻게 사용했는가에 있죠. 새집증후군에서 심각한 문제가 되고 있는 휘발성유기화합물(VOCs), 포름알데히드 등의 주요 발생원은 엄밀히 말해 콘크리트가 아니라 카펫, 온돌마루, 벽지용 화학접착제입니다. 물론 시멘트의 6가크롬은 분명 관리가 필요합니다. 하지만 우리가 알아야 할 중요한 내용은 시멘트를 사용한 모르타르나 콘크리트의 6가크롬 용출 시험에서는 기준치 이하인 극미량의 총 크롬이 용출되었으며, 수용성 6가크롬은 발생하지 않았다는 것입니다. 즉, 경화된 콘크리트의 경우 6가크롬의 영향은 매우 미미하기 때문에 마루접착이나 도배에 사용되는 화학용품에 더 주의를 기울여야 한다는 것이죠.

❓ 6가크롬이란? 3가크롬은 자연에서 생산되고 6가크롬과 금속크롬은 주로 산업공정에서 발생된다. 발암성 물질로 알려진 6가크롬은 수용성과 불용성에 따라 독성의 정도도 달라진다. 현기증, 두통, 천식, 심할 경우 폐암까지 유발하는 화합물이다.

 골재노출

 광택노출

 나뭇결무늬노출

 양각음각문양

 칼라콘크리트

콘크리트도 이렇게 다양한 연출이 가능하다면 충분히 고려해볼 만한걸?

이 밖에도 노출콘크리트 주택이 지닌 특징들을 살펴보면,

- **안정성**_ 콘크리트 그 자체가 구조재이자 마감재이기 때문에 견고함은 물론 편안함과 듬직함, 차분함을 느낄 수 있다.
- **진실성**_ 거푸집 형태에 따라 모양을 둥글게도 모나게도 표현할 수 있으며, 거푸집의 표면에 따라 거칠게 혹은 매끄럽게 표현할 수 있다. 건축가의 의지를 그대로 표현해낼 수 있다는 데서 진실성을 찾을 수 있다.
- **세련된 감각**_ 어둡고도 밝고, 차가우면서도 포근하며, 수수하면서도 우아함을 간직한 노출콘크리트는 계절에 따라, 날씨에 따라, 시간에 따라서 다양한 느낌을 스스로 연출한다. 지금 당신이 보고 있는 노출콘크리트 주택이 그 주택이 보여줄 수 있는 모습의 전부라고 생각하면 큰 오산이다.

ALC 주택

이런 분에게 추천합니다 ▶▶ 뭐니뭐니해도 집은 단열이 최고라고 생각하는 분. 같은 평수에 좀 더 넓은 실평수가 나오는 집을 원하는 분. 목재보다 견고하고 콘크리트보다 무겁지 않은 자재를 원하는 분. 쾌적한 실내 공간을 원하는 분.

ALC는 다른 자재와는 비교도 되지 않을 만큼 단열이 뛰어나 한때 센세이션을 일으킬 정도로 많이 사용된 자재였다. 단열도 단열이지만 그 인기가 '한때'였던 데에는 다 그럴 만한 이유가 있었다. 바로 습기(곰팡이)에 취약하다는 단점을 가지고 있기 때문이다. 하지만 이 단점만 보완한다면 ALC만의 안정성과 자연 친화성, 높은 단열 성능으로 인한 유지비 절감, 쾌적한 실내 환경 유지 등 쉽게 포기할 수 없는 장점들로 가득한 자재라고 할 수 있다.

ALC란 석회에 시멘트와 기포제를 넣어 섞은 혼합물을 고온고압 처리하여 양생시킨 경량 기포콘크리트의 일종이다. 그 우수한 성능이 인정되어 세계 각국에서 널리 쓰이고 있다.

ALC의 가장 큰 장점은 제작 과정에서 발생되는 다량의 기포가 열을 붙잡는 역할을 하면서 뛰어난 단열성을 지니게 됐다는 것이다. 뭐니 뭐니 해도 단열이 최고라는 말씀. ALC는 단열 성능이 콘크리트의 10배에 달한다. 게다가 규사와 석회질을 주원료로 하기 때문에 환경호르몬을 유발하는 일도 거의 없어 친환경 자재로도 인정받는다.

ALC의 또 다른 장점들로는,
- **경량성**_ ALC는 가볍다. 일반 콘크리트의 1/4이다. 경량성은 공기 단축, 작업효율 증대로 이어져 시공을 편리하게 한다.
- **단열성**_ 이미 설명했지만, ALC는 별도의 단열재가 필요치 않고 심한 일교차에도 적정 수준의 실내온도를 유지해주며, 이는 결과적으로 냉난방 비용 절감으로 이어진다.
- **내화성**_ 10Cm의 벽체를 약 1000℃로 2시간 가열해도 반대편 벽체의 온도는 77℃에 그친다. 불에 타지 않고 유독가스도 발생하지 않는 완벽한 내화구조재.

집짓기 IQ | ALC의 특성을 보여주는 재밌는 사례

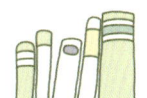

ALC가 사용된 정육점에서 고기냄새가 나지 않는다는 제보를 통해 실시한 탈취성능 측정에서 95.7%의 탈취율을 나타낸 사례가 있습니다. 이는 김치냉장고에서 탈취용으로 사용하는 숯과 유사한 성능이라고 할 수 있죠. 또한 대장균에 의한 항균시험에서는 세균 감소율이 99.8%에 육박했는데, ALC가 세균 증식을 억제하고 쾌적한 환경을 만들어준다는 것이 판명된 아주 중요한 결과라고 하겠습니다.

벽체공사

골조1

골조2

지붕얹기

외벽마감, 지붕공사

이런 ALC의 놀라운 장점에도 불구하고 치명적인 약점이 있다. 바로 습기. 습기에 취약한 ALC 벽돌에 곰팡이가 발생하면 순식간에 벽 전체로 번진다. 물론 이런 경우에는 시공 상의 문제점도 지적할 수 있겠지만, 어쨌거나 ALC 자체가 지닌 취약점임에는 틀림이 없다. 그러나 습기에 취약한 ALC의 단점은 ALC 이중공법, 즉 벽체를 이중으로 쌓되 벽과 벽 사이에 약 25mm의 틈을 두는 공법을 활용함으로써 충분히 극복할 수 있다. 이중공법으로 시공할 경우 외벽은 습기를 머금고 있다가 다시 내뱉고 내벽은 항상 뽀송뽀송하게 유지할 수 있게 된다. 단, 별도의 단열재가 필요치 않아 실평수가 넓게 나오는 ALC의 장점을 포기해야만 한다. 이중공법을 사용하면 실평수가 적게 나오는 것을 감수해야 한다.

ALC 주택은
단열에 가장 강력하고 공기 단축, 작업효율성이 높아 경제적이다.
외벽은 파벽돌로 치장하고, 상부는 밝은 스타코플렉스로 처리해 외관이 돋보이는 ALC 주택.

스틸하우스

이런 분에게 추천합니다 ▶▶ 공사기간을 최대한 단축시키고 싶으신 분. 공사 중 구조변경을 간단하고 용이하게 하고 싶으신 분. 뛰어난 내진성, 내구성, 내식성을 원하시는 분.

스틸하우스는 기존의 벽돌(조적조)이나 목조를 대체하는 새로운 구조형태의 주택이다. 두께 1mm 내외의 아연도금강판을 C형태로 가공, 강도를 높인 스터드를 조립하여 패널 형태로 시공한다. 간단히 설명하자면 스틸하우스는 목조주택에 사용되는 목재 대신 강도 높은 스터드를 사용하다고 보면 된다. 자재의 성격을 제외하면 목조주택과 시공형태, 시공방법도 비슷하다. 즉, 시공성이 좋은 목재의 장점을 살리면서 스틸의 튼튼함을 함께 지닌 우수한 골조 시스템이다.

스틸하우스의 장점은,

- **뛰어난 내진, 내구, 내식성**_ 스틸하우스는 골조 자체를 콘크리트 지반에 고정하기 때문에 썩거나 뒤틀리지 않고 오랫동안 수명을 유지할 수 있어 반영구적이다. 하와이의 허리케인이나 일본 고베 지진 당시에도 그 내구성이 입증된 바 있다.
- **짧은 공사기간, 안정된 공급가**_ 스틸하우스는 경제적이다. 골조부의 생산공정이 간단하고, 건식공법이라 공사기간도 짧다. 또한 목재나 건자재 등은 기후 변화나 교역량에 따라 가격 변동이 심하지만, 스틸하우스는 공급가격이 비교적 안정적이다. 물류비용을 낮출 수 있고 자재 낭비도 거의 없다.
- **높은 공간활용도**_ 많은 사람들이 '스틸'이라 하면 유연성이 떨어질 거라 지레짐작하지만, 의외로 스틸하우스에는 건축주의 개성이 충분히 반영된다. 벽체 두께도 얇아 내부 공간을 더 넓게 활용할 수 있고, 철강의 높은 성형성으로 건물 외관에 다양한 표현 욕구를 반영할 수 있다.

집짓기 IQ 스틸하우스 결정 시 유의할 사항

애석하게도 스틸하우스도 구조재 자체가 지닌 단점을 피할 수 없습니다. 구조재의 높은 열전도성으로 인해 형성되는 결로현상과 층간소음이 바로 그것이죠. 최근 스틸하우스 협회를 비롯한 많은 기술자들이 문제 해결을 위한 방법을 찾아가고 있지만, 모든 현장에서 그 해결책을 완벽히 숙지하고 있는 프레이머(골조시공자)를 만난다는 보장이 없다면 불안할 수밖에 없을 것입니다. 스틸의 문제점을 완벽히 해결하기 위한 깊은 고민이 반드시 필요한 이유이기도 하죠.

스틸하우스는 만약의 경우 해체 시 60% 이상 재활용이 가능하다. 재활용을 위한 분리수거도 가능해 폐자재 문제가 줄어든다. 건식공법이므로 건축현장이 청결할 뿐만 아니라 현장 쓰레기가 적어 환경친화적인 현장 운영도 가능하다. 이런 이유 때문에 스틸하우스 역시 친환경주택으로 불리기도 한다.

2층에 복도와 연결된 넓은 음악감상 공간을 만들었다. 스틸하우스는 유연성이 풍부하고 벽체 두께가 얇아 내부공간을 더 넓게 활용할 수 있다.

COLUMN
내 집 생각, 땅콩집 생각

한동안 땅콩집이 화제였습니다. 단독주택에 대한 관심이 폭발적으로 증가한 것도 어쩌면 땅콩집 덕이 컸죠. 그런데 땅콩집 열풍과 그에 대한 엄청난 관심을 바라보다 문득 과연 땅콩집이 나만의 집이 될 수 있는가에 대해서는 몇 가지 의문이 생겼습니다.

첫째, 땅콩집은 하나의 유행이 되어 특정 건축사무소로 일이 몰리면서 똑같은 모양의 땅콩집이 복제돼 결국 또 하나의 '아파트촌'이 되고 말았습니다. 일괄적인 설계가 결국 단독주택을 아파트 단지처럼 만들어 버렸습니다. 나만의 라이프스타일에 맞출 수 있다는 단독주택의 장점이 모호해지고 만 것입니다. 맞춤 정장 같을 줄 알았던 나만의 집이 기성복 같은 설계에 맞춰져 있으니 건축주의 라이프스타일에 따라 불편한 점이 생기는 건 어찌 보면 당연한 일이었을 겁니다.

둘째, 3억이면 내 집과 마당을 가질 수 있다는 광고 내용입니다. 대표적으로 용인 동백지구에 건축된 땅콩집 1호를 보면, 두 채가 지어진 땅콩집의 실제 건축비용은 부지를 포함해 7억 3,350만 원이었습니다. 한 가구당 3억 6,675만 원이 들어간 셈이죠. 그런데 생각해볼까요? 3억 6,000만 원이면 굳이 땅콩집이 아니어도 됩니다. 부지까지 포함해 내 집 한 채를 지어도 부족함이 없는 돈이죠.

셋째, 땅콩집의 가장 큰 장점 중 하나로 내세우는 이웃입니다. 물론 마찰 없이 잘 어울릴 수 있는 이웃이 있을 경우에만 장점이 될 수 있겠죠. 가까이 지내는 사람과의 관계가 얼마나 중요한지, 이웃의 존재가 얼마나 행복의 요소가 되는지 우리는 너무 잘 알고 있습니다. 하지만 지금의 땅콩집과 같은 구조라면 '내 집'인데도 벽 간 소음에 적잖이 신경을 쓸 수밖에 없습니다. 게다가 마당을 함께 쓰기 때문에 프라이버시도 다소 침해받을 수 있다는 점도 단점으로 작용할 수 있습니다. 사람 일이란 게 어찌 될지 모르기 때문에 부득이한 사정으로 한쪽이 이사를 가게 되고 새로운 이웃을 맞이해야 할 때도 그 부담감은 적지 않은 스트레스가 될 것입니다.

넷째, 건축주가 원하는 방식으로 설계와 시공이 어렵습니다. 땅콩집의 취지 자체가 3억으로 내 집을 마련하는 것인 데다 실용성을 최우선으로 하기 때문에 실제로 건축주의 요구가 관철되기 힘듭니다. 단열을 위해 작게 낸 창의 크기를 변경하거나 마음에 드는 자재를 사용하면 당연히 비용이 상승할 게 뻔하고, 땅콩집의 원래 설계 도면대로 시공하지 않는 시공업체들의 문제까지 겹치면서 그 피해는 고스란히 건축주의 몫으로 돌아갑니다.

결국 땅콩집은 단독주택 열풍을 몰고 왔지만 언론의 과대광고와 건축주의 안일한 생각, 여기에 일부 시공업체의 무책임함이 담겨 있었던 것은 아닌가 생각해보게 됩니다. 내 집에는 내 삶이 반영되어야 하고, 내가 설계에 직접 참여해야만 후회 없는 나만의 집이 완성된다는 정말 중요한 포인트를 놓치고 있었던 것 같아 아쉽습니다. 물론 집에는 정답이 없습니다. 다만 자신에게 어울리고 살면서 만족할 수 있는 집이 있을 뿐이죠. 설계가 시작되면 적게는 다섯 번, 많게는 서른 번까지 수정할 때도 있습니다. 기간은 짧게는 두 달에서 길게는 일 년까지 걸리기도 합니다. 그렇게 오랫동안 소통하고 맞춰 나가면서, 그렇게 내 집은 탄생하는 것입니다.

패시브하우스

이런 분에게 추천합니다 ▶▶ 단독주택에서 종종 골치 아프게 만드는 냉난방 관리비의 부담에서 벗어나고 싶은 분. 환경 친화적인 삶을 추구하며 집을 통해서 이를 실천에 옮기려 하는 분.

패시브하우스를 인터넷에서 찾아보면, "첨단 단열공법을 이용하여 에너지의 낭비를 최소화한 건축물", "단열이나 쓰고 남은 폐열 등을 재활용하는 등 에너지 효율을 높인 에너지절약형 주택" 등 다양한 설명을 찾아볼 수 있다. 왠지 쉽게 도전하기 어렵고, 엄청난 비용이 들 것 같은 느낌이다. 하지만 패시브하우스는 결코 어렵지 않다. 특별한 생활양식이 필요한 것도 아니다. 다른 주택과 마찬가지로 집의 운영이나 유지 보수에 관한 기초적인 이해와 지식만 있다면 누구나 패시브하우스를 짓고 살 수 있다.

패시브하우스에 대한 연구와 실험적 시도는 나날이 발전해가고 있지만, 일반적인 인식은 여전히 시공비가 비싸다, 관리가 까다롭다, 어렵다 등과 같은 수준에서 크게 나아지지 않은 것 같다. 또한 대다수의 사람들이 '환경친화적', '지속가능성' 등으로 패시브하우스를 설명할 뿐 실제 건축물에서 소비되는 에너지 양에 대한 명확한 수치는 제대로 보지 않는 경우가 많다. 이런 방식의 접근은 에너지 소비나 환경 문제에 전혀 도움이 되지 않는다.

다른 한편으로 최근 패시브하우스에 대한 다양한 시도와 원가 절감을 위한 노력이 다방면에 걸쳐 시도되고 있다는 점은 반드시 주목할 만하다. 여기서는 패시브하우스에 대한 간략한 정의와 원리, 패시브하우스가 가능한 조건 등에 대해서 간단히 살펴보자.

우선 일반적으로 냉난방장치가 계절에 따라 가동되고 있는 집을 상상해보자. 집에는 라디에이터, 보일러, 온돌 등과 같이 실내 공기를 따뜻하게 데워주는 설비가 갖춰져 있을 것이다. 이처럼 실내를 적극적으로 혹은 능동적으로, 즉 '액티브'하게 데우는 집이 액티브하우스다. 패시브하우스는 그 반대라고 생각하면 된다. 즉 실내에 유입된 공기를 활용해 열 유출을 수동적으로 억제 또는 순환하도록 만드는 집인 셈이다.

무엇보다도 의도한 만큼의 효력을 발휘하는 패시브하우스가 되기 위해서 설계와 시공 간의 편차를 줄여야 한다. 설계 과정에서 철저하게 계산된 건물의 에너지 수요보다 실제 에너지 소비가 훨씬 높게 나온다면 제대로 된 패시브하우스라 할 수 없다. 건물의 냉난방 부하를 최소화하고 실내의 안락함을 높이기 위한 설계 지침은 이렇다.

1_ 사계절 볕의 방향을 고려해 최적의 향을 선택할 수 있는 부지
2_ 밤에 시원한 공기를 끌어들여 평균기온을 낮출 수 있는 부지
3_ 태양에너지를 모을 수 있는 지붕 모양, 방향, 경사도
4_ 여름철 더위를 줄일 수 있는 활엽수의 위치
5_ 최적화된 건물 간격

사실 이것은 냉난방과 관련된 유지비용을 최소화하기 위해 일반적인 주택에서도 충분히 고려해야 하는 사항들이다. 다만 패시브하우스는 여기에 높은 수준의 단열과 기밀성, 품질 높은 창호와 문, 열 회수를 동반한 환기 구조 등을 강조한다고 보면 된다.
패시브하우스의 구조에 대해서는 그림을 통해 간략히 살펴볼 수 있다.

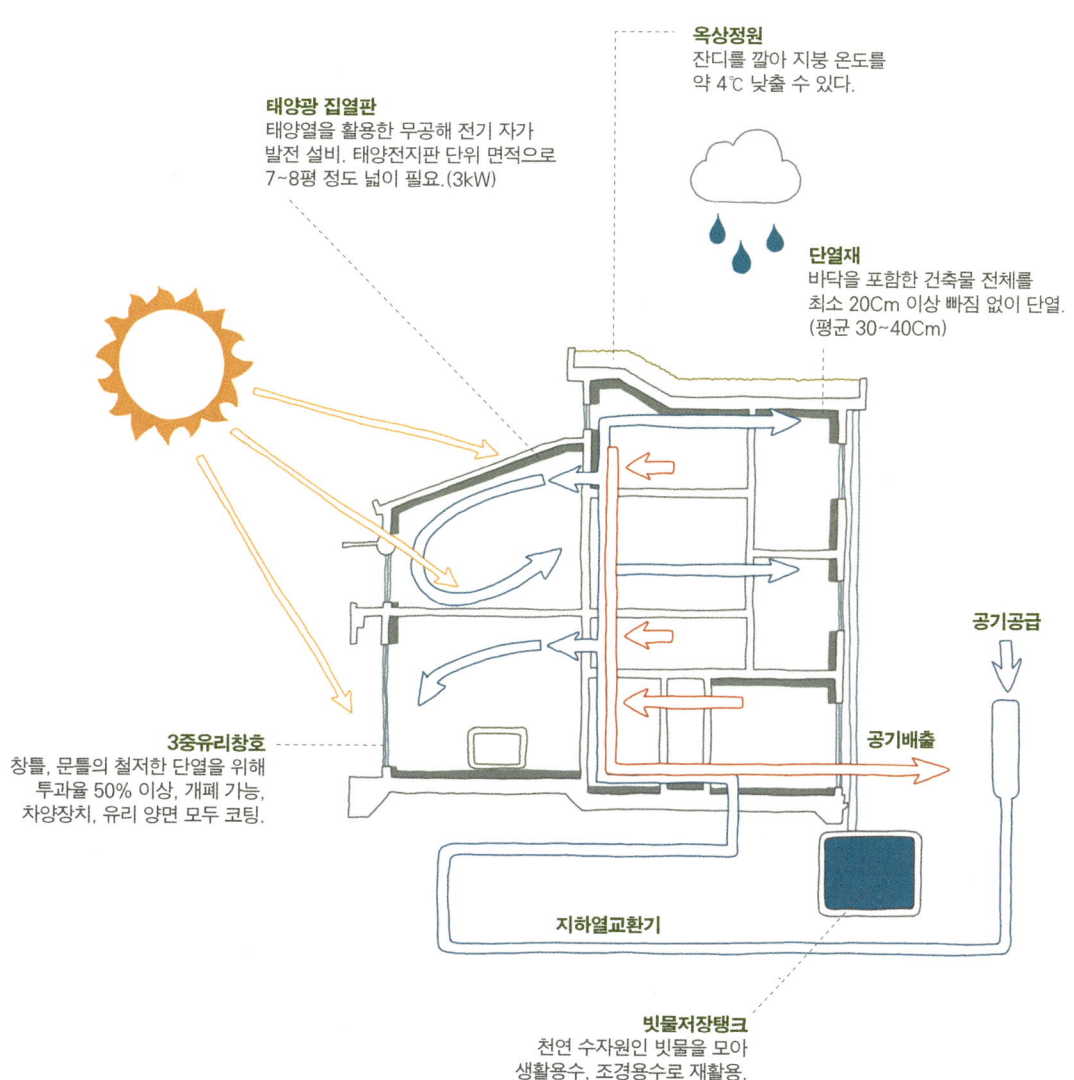

6

좋은 집,
좋은 설계에서 나온다

설계는 좋은 집이 되기 위한 가장 중요한 조건이다.
건축주의 라이프스타일이 잘 반영되고 설계사의 건축 철학이 조화롭게 묻어 있는 집이
오래오래 만족할 수 있는 '나만의 집'이 될 가능성이 높다.

"좋은 설계가 좋은 집을 만든다."
건축에서 가장 기본이 되는 말이자 동시에 많은 사람들이 가장 간과하는 말이다. 좋은 집은 기능성, 구조성, 미학성이라는 세 가지 요소가 조화를 이룰 때 탄생한다. 그 중심에 설계가 있다. 건축주의 라이프스타일을 이 세 가지 요소에 반영시킬 때 비로소 살기 좋은 집, 편한 집, 아름다운 집이 만들어진다.

하지만 현실은 조금 다르다. 상당수의 건축주들은 설계에 투자하는 걸 꺼린다. 대중매체에 비치는 모습처럼 건축 설계를 도시적이고 매끈한 직업으로 생각하면서도 정작 자기 일로 만나면 설계하는 사람을 집을 짓는 데 필요한 서류나 도면을 챙겨주는 사람 정도로 인식하는 것이다. 이런 인식 때문인지 건축주들은 설계비를 최대한 줄여야 하는 부분으로 인식하곤 한다. 하지만 엉성한 아이디어에서 좋은 결과물이 나올 리 없다.

건축주들의 잘못된 인식이 일반화되면서 시공업체에서 아예 주택 설계를 무료로 해준다는 솔깃한 광고까지 나온다. 하지만 이는 상술에 불과하다. 상식적으로도 무료일 수 없고, 그렇다면 결국 시공비에서 떼다 쓰는 격이기 때문에 튼튼하고 안전한 집이 지어질 리도 없다.

좋은 설계는 어려운 상황에서 더욱 빛을 발한다. 많은 인원을 수용해야 하는 아담한 집, 길고 좁은 대지를 효율적으로 활용한 집, 경사가 심한 땅에서도 안정적인 느낌을 줄 수 있는 집 등등 어려운 현실적 여건을 다방면에서 고려해야 하는 것이다. 또한 설계는 평면만을 말하는 것이 아니다. 평면 위에 아무리 멋진 배치도가 그려졌다 해도 입면이 단순하면 심심하다는 느낌을 주게 된다. 그만큼 설계는 실구성과 배치뿐만 아니라 외형, 동선, 지붕의 모양까지도 고려해야 하는 고도의 작업이다. 최근에는 설계 과정에서 3D 투시도까지 볼 수 있어 집이 완성되기도 전에 내가 살 집을 눈으로 확인할 수 있다.

설계가 집의 구조를 형성하고 기능을 부여하며 미적 아름다움을 제공하는 것임에도 실체가 아니라는 이유로 저평가되는 경우가 많다. 자신만의 라이프스타일이 반영된 개성 있고 특별한 집을 설계하는 것은 분명 어렵고도 힘든 작업이다.

외국의 잘 지어진 집의 사례를 봐도 그렇다. 설계하는 데 한 달도 빠듯하다고 여기는 우리 인식과 달리 설계에만 1년 넘는 시간이 걸리는 경우도 있다. 물론 긴 시간의 설계가 무조건 답이 될 수는 없을 것이다. 여기서 다시 강조하고 싶은 것은 건축주의 라이프스타일이 잘 반영되고 설계사의 건축 철학이 조화롭게 묻어 있는 집이 오래오래 만족할 수 있는 '나만의 집'이 될 가능성이 높다는 것이다.

3D 투시도 예시

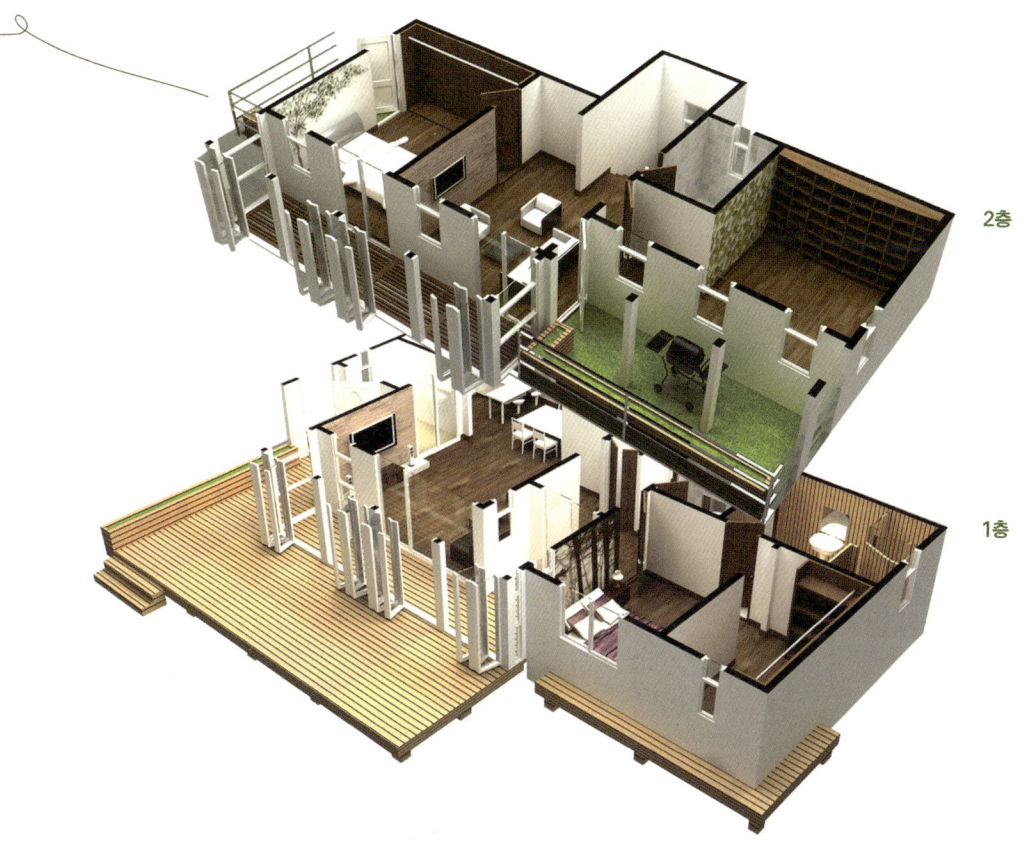

2층

1층

시공 현장
야무지게 관리하기

집짓기 과정 중에서 가장 말도 많고 탈도 많아지는 장소가 바로 시공 현장이다.
일단 시공이 진행되면 바로잡는 것이 쉽지 않다. 아무리 바빠도 최소한
기초공사 때 한 번, 골조공사 때 한 번, 인테리어 공사 때 한 번은 직접 와서
눈으로 체크해야 한다. 반드시 건축사의 감리 일정을 체크하자.

시공현장에서 건축주가 반드시 챙겨야 할 점은 크게 두 가지로 정리된다.

첫 번째는 설계대로 정확하게 시공되고 있는지 살피는 것이다. 시공은 일단 진행되면 수정하는 것이 쉽지 않다. 특히 기초공사 같은 경우엔 정말 심각할 수가 있다. 기초공사가 잘못되면 집의 방향이 바뀔 수도 있고 집의 구조가 바뀔 수도 있다. 준공 검사 도중 잘못이 발견되면 집을 다시 지어야 하는 일도 발생한다. 시공이 진행되면 반드시 건축사가 감리를 하게 되어 있다. 하지만 건축사가 하나의 프로젝트만 진행하는 것이 아니기 때문에 그냥 믿고 맡기기만 해서는 안 된다.

아무리 바빠도 최소한 기초공사 때 한 번 골조 공사 때 한 번 인테리어 공사 때 한 번 정도는 직접 와서 눈으로 체크하는 것이 중요하다. 건축사의 감리 일정을 체크해서 반드시 동행하는 것이 좋다. 감리 당일에는 현장에서 느꼈던 의문점이나 진행 상황에 대해 꼼꼼하게 질문해야 한다. 이때 체크 리스트가 있다는 것은 이미 현장에 관심을 갖고 몇 차례 살펴보았다는 것을 전제로 한다. 건축사도 사람이기 때문에 놓칠 수도 있고 한 현장만 진행하는 것이 아니기 때문에 소홀할 수도 있음을 명심하자.

나중에 후회 안 하려면 아무리 바빠도 시공현장에 최소한 세 번은 찾아가 눈으로 직접 확인해야 한다는 점!

두 번째는 견적서에 나와 있는 자재대로 시공하고 있는지 살피는 것이다. 문제는 여기서 더 많이 발생한다. 설계대로 시공하는 것은 건축사의 감리나 건축주의 확인이 있기 때문에 잘못될 일은 그리 많지 않다. 하지만 견적 자재대로 시공되지 않는 경우는 너무 많다. 불과 5년 전만 해도 견적서의 자재대로 시공하지 않은 피해 사례가 속출했다. 특히 보이지 않는 부분, 즉 단열재나 방수재 등 마감재를 덮고 나면 보이지 않는 부분에서 속이는 경우가 더러 있다. 이 밖에도 골조공사에서 철근 수량을 속인다거나 목자재의 규격을 속이는 경우, 심지어 외장재를 비슷하지만 전혀 다른 마감재로 시공해놓는 경우도 허다하다.

이런 잘못된 시공업체 때문에 공사를 맡기면서도 믿지 못하는, 웃지 못할 상황이 벌어지기도 한다. 이런 피해를 없애려면 견적서에 적힌 자재 내용을 숙지하는 것이 중요하다. 그런 다음 설계대로 진행되는지 체크할 때 자재들도 직접 체크하는 것이 좋다. 현장소장이 자재를 반입하는 날에는 자재 일련번호를 찍어서 보내달라고 하는 것도 좋은 방법이다.

이런 요구 때문에 현장소장과의 관계가 불편해지지는 않을지 심각하게 고민할 필요는 없다. 서로가 하나씩 투명하게 체크를 하는 것은 건축주뿐만 아니라 업체에서도 원하는 일이기 때문이다. 업체에서 실수로 체크하지 못한 점을 건축주가 체크해놓는다면 A/S가 발생했을 때 자재 일련번호를 통해 쉽게 A/S를 처리할 수도 있다. 준공 후에는 그 집에 시공된 자재의 브랜드와 일련번호가 적혀 있는 ==스펙북==을 요청해야 한다. 이것은 해당 업체와 A/S 기간이 끝난 뒤 건축주가 직접 보수할 때도 반드시 필요하다.

기초공사 　　　　거푸집제거 　　　　골조짜기

[목조주택 시공 스펙북 예시]

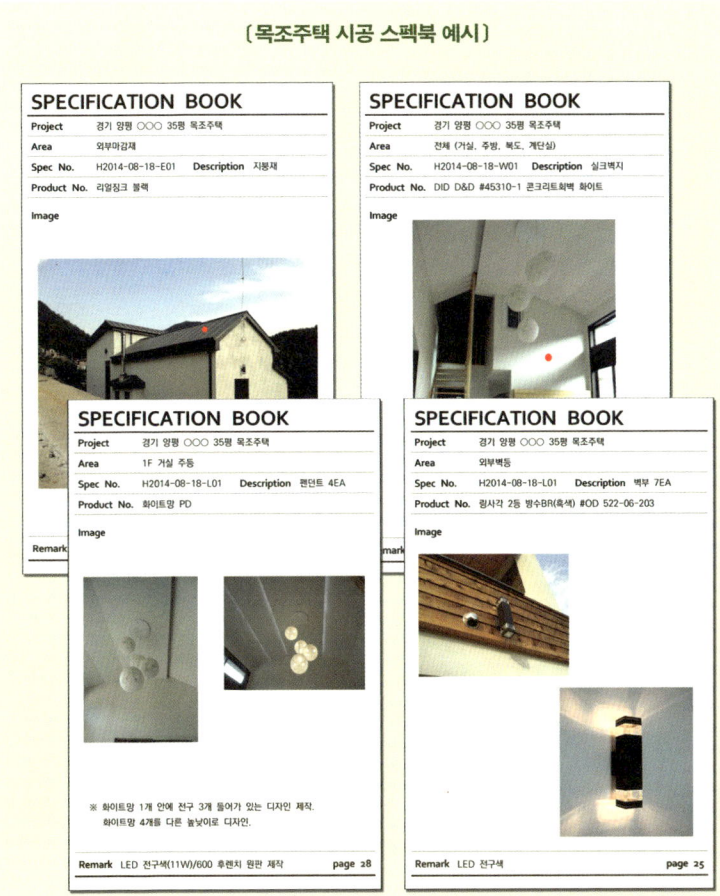

내부전기작업

바닥 온돌

외부 및 지붕 마감

ABOUT INTERIOR MATERIAL

내외장재 기초 쌓기

건축사와 함께 시공 현장에 가게 된다면 크게 문제될 것이 없지만 혼자 현장을 방문했을 때 어떤 자재가 어떻게 쓰이고 있는지 모른다면 답답한 마음이 먼저 생길지도 모를 일이다. 집은 수많은 자재들로 지어진다. 그렇기 때문에 어떤 자재가 어디에 쓰이는지 기초적인 지식을 가지고 있다면 현장소장에게도 훨씬 질문하기가 편해질 것이다. 또한 자신이 살고 있는 집이 어떤 특성을 지닌 자재들로 지어졌는지 알고 있다면 나중에 스스로 유지 관리하기도 수월해진다. 대표적인 내외장재를 살펴보자.

내장재

| 마루재 |

- **강화마루** _ 원목과 껍질을 분쇄, 압축하여 만든 마루. 다양 컬러 연출이 가능하다. 스크래치에 강하고 가격이 저렴하다. 습기 차단, 열에 의한 변형 방지 등 내마모성, 내구성이 뛰어나다.
- **합판마루** _ 열에 의해 갈라지는 현상을 방지하기 위해 강화처리를 하거나 표면에 우레탄 계통 도장 처리를 한 마루. 1급 내수합판으로 열전도성이 뛰어나다. 가격도 저렴하다.
- **강마루** _ 표면강도가 뛰어나며 강화마루보다 습기에 강하다. 천연나무가 아닌 합판과 시트지를 붙여 만든 것이며 스크래치에 강하다.

| 타일 |

- **도기질 타일** _ 점토에 규석, 장석, 석회석 등의 미분을 가해 습식 또는 건식으로 성형 가공한다. 표면이 고르고 모서리는 정확하며, 얇은 두께에 비해 높은 강도를 자랑한다.
- **자기질 타일** _ 강도가 높아 주로 바닥면에 사용되며 바닥용 타일 중에서도 내구성이 매우 우수하다.
- **석기질 타일** _ 점토를 재료로 초벌구이하지 않고 한 번에 구워낸 타일. 표면에 다양한 모양을 넣거나 거칠게 디자인해 미끄럼 방지용으로 사용되며, 내구성 또한 뛰어나 주차장 바닥이나 보도용으로 사용된다.
- **포셀린 타일** _ 표면과 내부가 동일한 재질이라 내수성이 뛰어나다. 외장용으로도 쓰이며 주방, 욕실 벽이나 바닥에 사용된다.

- **티타늄 타일_** 일반 타일보다는 고가이지만 뛰어난 강도를 자랑하며, 빛의 각도에 따라 다른 느낌을 준다. 밋밋한 욕실에 포인트를 줄 수도 있고, 티타늄 타일 자체만으로도 깨끗하고 아름다운 공간 연출이 가능하다.
- **폴리싱 타일_** 자기질 타일을 연마하여 대리석 질감과 비슷하게 만든 타일. 벽 및 바닥용 고급 마감재로 적합하다. 이음새 없는 시공이 가능해 자연스러운 연출이 가능하다. 원하는 문양으로 커팅할 수도 있다.

외장재

| 사이딩 |

사이딩은 외벽 마감재를 말한다. 크게 시멘트 사이딩과 우드 사이딩으로 나뉘며, 사계절 기후 변화가 뚜렷한 우리나라에는 시멘트 사이딩이 적합하다. 시멘트 사이딩은 내화성이 우수하고 변형이 적으며 칠이 잘 벗겨지지 않는다. 또한 습기, 공해에 의한 부식과 충격에도 강해서 실용적이다. 우드 사이딩은 원목으로 된 사이딩을 일컫는다. 무엇보다도 친환경 소재라는 점, 자연스러운 질감과 색상을 지녔다는 점에서 강점을 갖는다. 특히 베벨 사이딩은 우드 사이딩 중에서도 가격이 저렴하고 시공이 간단해 많은 시공자와 건축주들이 찾고 있다.

| 스타코플렉스 |

스타코는 뿜기 도료에 의한 외벽 미장 마감재로 시멘트, 석재, 목재를 포함해 일반 건설현장에서 가장 많이 쓰이는 자재이다. 건물의 방화성과 내구성을 높일 뿐만 아니라 시공이 편리하고 가격 대비 품질이 우수하다. 스타코 플렉스는 최대 2.05배까지 늘어나는 신축성을 지녔기 때문에 건물의 수축팽창에 따라 발생하는 크랙(균열)을 방지한다. 또한 내화성과 단열성은 물론 뛰어난 통기성으로 벽내 결로를 방지한다.

스타코 플렉스 309   스타코 플렉스 351

스타코플렉스의 장점

- 오염 시 비누나 물로 쉽게 깨끗이 닦아낼 수 있음
- 색상 조합의 탁월성, 높은 색상 보존력
- 화재예방 A등급
- 가장 보편적인 건축용 외벽 마감재

| 파벽돌 |

본래는 낡고 깨진 벽돌을 의미하지만 현장에서는 이미테이션 제품의 명칭으로 통용된다. 일반 벽돌보다 무게가 가볍고 인공적으로 모양과 색상을 낼 수 있기 때문에 분위기에 맞게 색과 디자인을 선택할 수 있다.

고산돌 프라임KS-511   QB-256 골드코스트

CB-180   빅크링커 BCK-110

성돌 프라임 NB-740m

파벽돌을 지루하지 않게 연출하려면?

- 파벽돌은 한번 붙이면 떼어내기 어렵기 때문에 신중하게 생각하고 연출해야 합니다.
- 벽면이 지루하면 컬러에 변화를 주세요.
- 화재예방 A등급
- 깔끔한 연출에는 화이트 파벽돌, 전원풍을 원할 때는 내추럴 분위기 또는 여러 컬러가 혼합된 것을 선택하는 것이 좋습니다.

| 인조석 |

처음에는 천연석을 모조할 목적으로 만들어졌으나 현재는 다양한 연출이 가능한 인조석의 특징을 그대로 살려 쓴다. 정형화된 벽돌 느낌을 탈피해 좀 더 자연스러운 분위기를 연출하고자 할 때 사용한다.

금강석프라임 NB-430m

산성돌 프라임 NB-220

JoonRock NB-801

RiverStone NB-605

ShadowRock NB-830

지붕재

| 싱글 |

주택을 지을 때 가장 많이 고려하는 지붕재로 다양한 컬러를 사용할 수 있다. 목재나 벽돌에 비해 가벼워 건물 하중에도 큰 영향을 주지 않는다. 가장 저렴하고 깔끔한 벽돌식 배열의 4각 싱글, 독특한 입체감을 보여주는 6각 싱글, 일반 싱글을 두 번 댄 이중 싱글 등 각각의 모양과 그림자 유무로 종류를 나누기도 한다.

밤색

검정색

흑적색

돌회색

흑녹색

| 징크 |

순수 아연 99.9%에 소량의 티타늄과 구리가 첨가된 것으로 인체와 환경에도 전혀 해롭지 않다. 가공이 용이하며 내구성은 최대 100년에 이른다(공기오염지역 30~40년, 해안지역 40~70년, 공기청정지역 90~100년). 못을 사용하지 않고 순수하게 이음만으로 시공한다. 가장 일반적인 시공법은 돌출이음, 평이음 등이다.

| 기와 |

미려한 색상으로 한국적인 멋을 더해주는 자재이다. 우수한 강도로 인정받지만 중규모 이상의 주택에서만 시공할 수 있다. 최근에는 기와의 형태와 색상을 가공하여 지중해풍, 프로방스풍 등 이국적인 콘셉트를 강조한 주택에 사용되기도 한다.

징크의 장점

- 불에 탈 때 유독가스를 배출하지 않으며 대기에 유해물질을 퍼뜨리지 않습니다.
- 절단, 절곡, 접합이 용이해 3차원, 곡면 형태로도 자유롭게 표현할 수 있습니다.
- 유지보수가 용이합니다.

8

준공 이후 복잡한 절차, 이것만 알면 끝!

집이 드디어 다 지어졌다. 이제 험난한 여정이 다 끝나간다. 조금만 더 힘을 내자.
준공 이후의 법적인 절차들은 분명 복잡하고 귀찮아 보이지만 큰 흐름만 알고 있으면 그리 어렵지 않다.
이제 새로 지어진 내 집에 이삿짐을 들여놓는 일만 남았으니 마지막까지 꼼꼼하게 확인하자.

준공 이후의 절차를 살펴보기 전에 먼저 '사용승인'이라는 용어를 알고 넘어갈 필요가 있다. 어렵게 생각할 필요는 없다. 우리가 보통 '준공'이라고 부르는 것의 정확한 법적 용어가 사용승인이다. 사용승인 때 건축과 담당 공무원은 정화조, 가스, 소방 등 법적 점검사항을 체크하게 된다. 이때 현장에서 직접 검사하는 일은 건축사 자격증을 소지한 민간인 특별 검사원이 한다.

Tip! 전기계량기 및 정화조, 수도 등은 이미 '사용승인' 단계에서 검사를 받습니다. '사용승인' 이후의 절차는 실질적으로 등록세 납부와 등기신청, 그리고 새로운 집으로 이사하는 과정만 남는다고 생각하면 됩니다.

큰 문제없이 검토가 끝나고 사용승인 떨어지면 건축물관리대장이 생성되는데, 이 대장을 바탕으로 법원 등기과에서 등기를 신청한다. 필요한 서류는 건축물관리대장, 주민등록초본, 등록세납부영수증이다. (참고로 2011년 1월부터 취득세와 등록세가 하나로 합쳐졌다.) 이러한 절차를 거쳐 등기소에서 보존등기를 신청하면 비로소 법적 권리를 가진 완전한 내 집이 된다. 이제 남은 것은 하나. 새 집으로 이사를 가기만 하면 된다!

건물보존등기에 필요한 서류

❶ 건축물대장 1부
❷ 소유자(건축주) 주민등록등본 1통(법인인 경우 법인등기부등본)
❸ 소유자(건축주) 도장
❹ 취·등록세 납부 영수증

한눈에 보는 사용승인 흐름도

사용승인신청(서류준비) → 사용전검사(현장확인) → 지적사항보완 → 사용승인검사조서(감리적용시만 적용) → 행정관리자확인(서류, 현장확인) → 사용승인(준공필) → 건축물대장생성(준공 후 일주일이내) → 지목변경신청(건축주) → 등기(법무사)

사용승인 절차를 위해 필요한 서류

건축사	감리자	시공자

• 사용검사 신청서
• 건축도서
• 건축사 현장 조사서
• 건축물 관리대장
• 개발행위 준공필증
  (개발행위시에만)
	• 감리보고서
	  (건축허가대상 건축물/건축신고 시는 해당 없음)
		• 정화조 준공필증
		• 보일러 시공확인
		  (온돌 및 난방설비 설치확인서)
		• 가스설치확인서(가스필증)
		• 현황측량성과도(필요시)
		• 구내통신설비 준공신고서
		  (150이하 건축물 또는 신고 대상건축물은 제외)
		• 그 외 허가조건관련서류
		• 도로명주소부착사진

집짓기 IQ 이사는 반드시 사용승인 이후에 해야 하나요?

'사용승인' 이후에 이사를 하는 것은 아무런 문제가 없지만 부득이한 경우 '사용승인' 전에 먼저 이사를 해야 하는 경우가 있을 수 있습니다. 이때도 너무 걱정하실 필요 없이 지역의 면사무소를 찾아가서 '준공 전 사용허가' 서류를 제출하시면 됩니다.

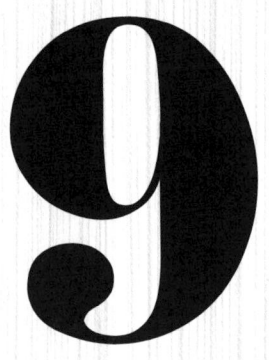

집 짓기보다
100배 더 골치 아픈
하자보수(A/S)

많은 사람들이 나만의 집이 완성됐다는 기쁨에 살면서 발생할 문제는 종종 까맣게 잊곤 한다.
가전제품을 구입할 때도 A/S가 확실한지 따져보는 것처럼 집도 관리와 보수가 집짓기만큼 중요하다.
어떤 시공사가 내 집을 5년, 10년, 그 이후까지 책임감 있게 돌봐줄 수 있는지 따져보자.

이삿짐을 들여놓은 날 밤, 짐을 다 풀기도 전에 집 안 불을 다 켜놓고 아내와 조촐하게 와인을 마신다. 집 구석구석을 애정 어린 눈빛으로 바라보면서 앞으로 펼쳐질 행복한 삶을 그려본다. 하지만 잠깐! 당신의 머릿속엔 1년 4계절을 집과 함께 보내면서 발생할 골치 아픈 하자에 대한 생각은 전혀 없었을지도 모른다.

하자 때문에 집이 '웬수'가 되지 않으려면 시공업체를 깐깐하게 따져보는 것이 가장 먼저다. 대형 건설사들이 지은 아파트도 몇 년만 지나면 하자가 발생하는 마당에 내 집이라고 예외가 될 수는 없는 일. 언제까지, 어디까지가 하자 보수의 대상이 되는지 잘 따져보는 것만으로도 도움이 될 것이다.

준공 허가를 취득했다면 시공사와 하자이행각서를 서명하고 2년간의 하자보수기간을 약속받아야 한다. 그러나 시공사가 1년 후 혹은 2년 후 이미 폐업했거나 하자보수할 여력이 되지 않는다면 하자이행각서는 말 그대로 종잇조각에 불과하다. 건축법상 명시된 주택의 하자보수 책임기간에 따라 건축주가 법적 조치 등을 통해 단호하게 대처한다 해도 업체 자체가 사라지면 법이고 뭐고 아무런 소용이 없다. A/S까지도 집짓기의 과정이라고 봤을 때 시공사의 건전성과 기업 전망 등을 꼼꼼하게 체크하는 것이 매우 중요하다.

주택의 하자보수 책임기간

하자보수 책임기간	해당 내용
1년	목공사(수장목), 창호(유리), 마감(미장, 수장, 칠, 창호철물), 조경(잔디심기공사), 금속공사, 조명설비
2년	대지조성공사, 옥외 급수/위생관련공사, 철골공사, 조적공사, 목공사(구조체, 바탕체), 창호(창문틀, 문짝, 창호철물), 마감(타일, 단열, 옥내가구), 조경공사, 주방기구, 옥내/옥외설비공사, 난방/환기, 공기조화설비, 급/배수위생설비공사, 가스설비공사, 전기 및 전력, 통신/신호 및 방재설비공사
3년	대지조성공사(포장), 지정 및 기초, 철골공사(구조용), 온돌공사(세대매립배관 포함), 소화/제연/가스저장시설공사, 수/변전, 발전설비, 승강기, 인양기, 자동화재탐지설비공사
4년	철근콘크리트공사, 지붕 및 방수공사
5년	보/바닥 및 지붕
10년	기둥, 내력벽

가전제품을 살 때 우리는 가격과 디자인을 가장 먼저 고려하지만 절대로 간과하지 않는 것이 바로 A/S다. 브랜드를 따지는 것도 제품에 대한 신뢰도뿐만 아니라 이상이 생겼을 때 얼마나 신속하고 정확하게 처리해줄 수 있는가를 생각하기 때문이다.

주택도 하나의 브랜드다. 어떤 업체가 내 집을 5년, 10년, 그 이후까지 책임감 있게 돌봐줄 수 있는지 꼼꼼히 따져봐야 한다. 크고 유명한 업체라고 모두 하자보수를 충실히 해주는 것은 아니며, 작고 이름 없는 업체라고 하자보수에 대한 책임감이 떨어진다고 단정할 수도 없다. 집을 지을 때부터 여러 업체들을 살펴보고 어떤 업체가 나와 잘 맞는지 꼼꼼하게 따져보는 것이 나중에 후회를 남기지 않는 가장 좋은 방법이다.

10

복습! 공정별 필수 점검사항

지금까지 집을 짓기 위해 필요한 핵심 정보들만을 차례대로 살펴보았다.
이번 장에서는 다시 한 번 정리하는 차원에서 공정마다 필요한 주요 체크리스트를 실었다.

공정별 점검사항 체크리스트 전격 공개!

설계의 중요성에 대한 얘기는 이 책 여러 군데서 만나게 될 것이다. 설계는 건축주의 삶과 건축가의 철학이 조화를 이룬 하나의 작품이자 실질적으로 원가의 80%가 결정되는 단계이기도 하다. 설계보다 시공의 비중을 더 중요하게 생각하고 있다면 이는 잘못된 생각이다. 땅을 구입한 후부터 이루어지는 공정별 점검사항을 보기 쉽게 정리했다. 직접 펜으로 체크해보면서 각 공정을 꼼꼼하게 체크해보도록 하자.

✓ **건축주 요구사항 체크리스트**

항목	체크사항	
용도	1차주거용도. 2차주거용도(주말주택, 별장)	✓
가족구성원	각 실(침실, 욕실, 거실, 주방, 다용도실, 기타)의 개수, 규모, 배치 동선, 거실 크기, 안방의 형태, 화장실 개수, 품질 수준	
건축구조	목조, 스틸, 철근콘크리트, ALC 등 상황에 맞는 장단점 분석	
가구배치	붙박이장 설치, 가구에 적합한 방 규모, 효율적인 가구배치, 창고	
주요마감재	외장재(지붕재, 벽, 마감재), 내장재(바닥재, 벽, 마감재), 창호자재, 수전 금구류, 조명, 가구 등에 대한 다양한 사양 검토	
난방 방식	기름보일러, 심야 전기보일러, 가스난방 등 주택 규모에 따른 열효율 적합성	
급수설비 방식	상수도, 자가지하수, 마을 공동우물, 고가수조 방식, 가압펌프방식	
전기설비	배관배선, 소요 인입전력 수, 인터넷 통신, TV, 전화	
예상공사비	건축주 능력과 상황에 맞는 공사비 규모. 자금 지원 시점	

✓ 건축법규 체크리스트

항목	체크사항	
건폐율	대지 크기에 비해 주택 바닥면적이 얼마나 차지하는지 확인. 예) 100평 대지에 주택 바닥면적이 60평이면 건폐율은 60%가 된다.	✓
용적률	대지 크기에 비해 얼마나 면적이 이용되고 있는지 확인. 예) 100평 대지에 용적률이 300%이면 각 층을 100평씩 3층까지 지을 수 있다.	
제한사항	높이, 일조권 사선제한, 도로사선제한, 대지 안의 공지, 건축선, 조경 등	
환경관련 규제사항	오/배수계획, 정화조시설에 대한 특별 규제사항	

Tip! 건폐율과 용적률은 제1,2종전용주거지역, 제1,2,3종일반주거지역, 준주거지역 등 용도지역에 따라 조금씩 차이가 있기 때문에 집을 지으려는 대지가 어느 지역에 해당하는지 정확하게 알고 있어야 합니다. 참고로 건폐율과 용적률이 크게 인정될수록 지가가 높아집니다.

✓ 실시설계 체크리스트

항목	체크사항	
평면 및 입면설계	실별(현관, 거실, 침실, 화장실, 주방, 식당, 창고) 동선은 원활한가?	✓
	계획설계에 따른 실별 규모, 기능은 좋은가?	
	건물의 형태미(지붕, 창호, 발코니)는 좋은가?	
구조설계	구조 전문가에 의한 구조계획 및 구조계산이 이루어졌나?	
	경제성, 안정성에 기반한 최적설계인가?	
기계설비 및 전기설비	설비 전문가에 의한 설비계획 및 설비 관련 용량, 열량 계산이 이루어졌나?	
	경제성, 효율성 측면에서 최적 설계인가?	
	시공 지침을 잘 따르는가?	
조경설계	지역 여건에 맞는 조경수를 선정했나?	
	신축건물과 조화를 이루는가?	

✓ **건축 공사 체크리스트**

항목	체크사항	
균열방지	벽체의 균열은 구조상 결함뿐만 아니라 마감재까지 영향을 끼친다. 사후 하자 발생 시 비용 증대는 물론 완전한 보수도 기대하기 어렵다. 사전에 철저하게 체크하자.	✓
누수방지	부적절한 방수공법, 점검미비로 인한 하자는 심적, 물적으로 엄청난 피해를 끼친다. 작업자의 정성스런 시공이 생명.	
결로방지	실내외 온도차에 의한 피해로 오염, 박리, 곰팡이, 부식, 습윤, 결빙, 신축, 휨 등의 피해를 가져온다.	
단열처리	관리비와 밀접한 관련이 있다. 에너지를 절약하고 쾌적한 실내를 만들기 위해 반드시 체크.	
차음기능	아무리 단독주택이라 하더라도 내외부 소음 문제를 차단할 수 있는지 확인하라.	

PART 2

절대로
후회 없는
실전 집 짓기 13

라이프스타일, 콘셉트, 유형별 맞춤 설계

1

HOME PROJECT

아름다움에 융통성을 더한 실용주의 전원주택

건축주가 건축사나 현장 소장처럼 건축 지식에 빠삭할 필요는 없다.
하지만 모든 공정을 전문가들이 알아서 처리해주겠거니 하고 전적으로 맡겨버리는 것과,
집이 완성되어가는 과정을 주의 깊게 지켜보고 스스로 참여해보기도 하는 것은 전혀 다른 문제다.
집의 주인은 건축주, 바로 당신이다.

위치	경기도 평택시
지역지구	계획관리지역
대지면적	625.00m² (189평)
건축면적	109.48m² (33.12평)
연면적	109.88m² **(57.74평)**
지상1층	109.48m² (33.12평)
지상2층	81.40m² (24.62평)
구조	**일반목구조**

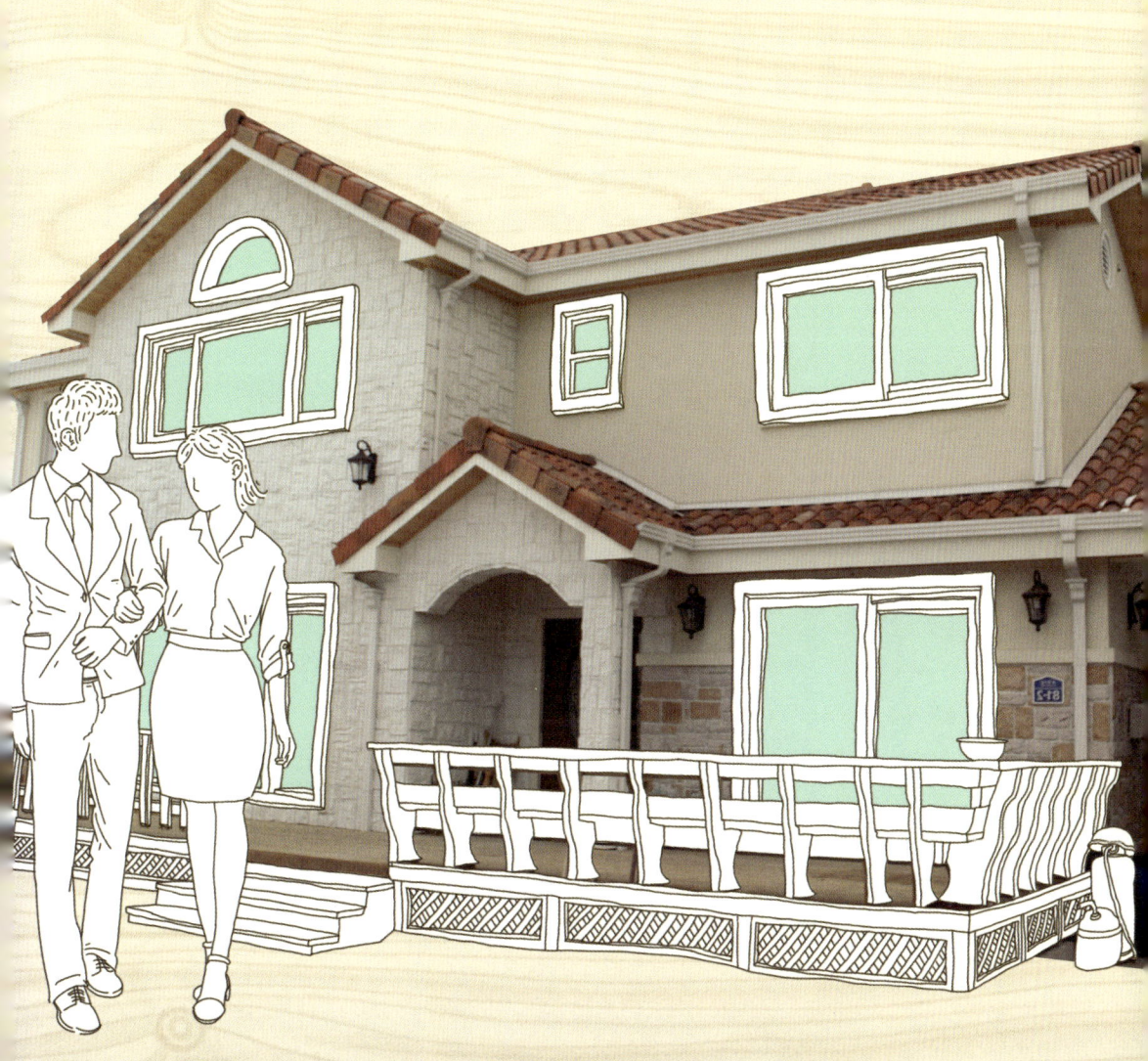

이 건축주와는 첫 미팅부터 꽤 오랜 대화를 나눴던 게 기억난다. 가족 구성원, 라이프스타일 등 기초적인 정보를 꼼꼼하게 정리해서 나에게 보여주었다. 수년 전부터 차근차근 계획을 세워왔고 막연한 '단독주택'이 아니라 재료, 골조, 기초, 단열, 창호 등 디테일한 부분까지 계획하고 있었다.

집짓기에 대한 기본적인 지식이 워낙 풍부해 건축주가 혹시 건축 관련 업무에 종사하는 분은 아닌지 착각이 들 정도였다. 설계사가 이렇게까지 많은 아이디어를 내는 건축주는 처음이라고 할 정도였으니, 집에 대한 건축주의 애정이 얼마나 컸는지 짐작할 수 있다.

건축주는 시공에 들어가서도 골조 올리는 작업에 직접 참여하는 애정을 보였고, 주방 타일을 붙일 때도 시공방법을 배워 일부는 직접 시공에 참여했다. 현장 소장이 바짝 긴장하며 공사를 진행했을 정도다. 혼자 힘으로 집을 짓는다는 것은 불가능한 일이지만 이렇게나마 자신이 직접 시공에 참여한 집에 산다는 것은 정말 뿌듯한 일일 것이다.

언뜻 사진으로만 보기에는 평범한 목조주택으로 보이지만 사실은 매우 실용적인 집이다. 목조주택에서 일반적으로 사용되는 인슐레이션에 대해 건축주가 반신반의하고 있어서 좀 더 확실한 단열을 위해 철근콘크리트 주택에 사용되는 우레탄폼을 함께 사용했다. 비용이 더 늘어나더라도 기밀성이나 단열성이 더 뛰어난 자재를 원했기 때문. 대신에 창호는 기본 사양인 2중 유리창호를 설치했다.

겉만 봐서는 알아차릴 수 없지만 목조주택 단열재로 흔히 사용되는 인슐레이션에 우레탄폼을 함께 사용해 단열성과 기밀성을 더한 주택이다.

최근 주택 인테리어에는 친환경 자재인 에코스톤이 몰딩, 등 박스 등에 자유롭게 활용된다. 순백의 정갈한 느낌과 부드러운 곡선 데코레이션이 거실 분위기를 한층 밝고 깔끔하게 만들어준다. 주방 식탁 측면의 이미지월은 산호석과 골드시트로 장식하고 천장까지 이어지는 일체형 디자인으로 시공되었다.

에코스톤을 사용한 거실의 아트월과
산호석, 골드시트가 조화를 이룬 식당의 이미지월

집짓기 IQ 에코스톤이란?

화산재 및 천연 광물을 혼합해 만든 새로운 석재로 곡면판재 생산을 비롯해 몰드를 이용한 특수형태의 석조물을 대량으로 생산할 수 있어 새로운 마감재로 각광을 받고 있습니다. 새집증후군을 감소시키고 생활악취 탈취 기능, 흡음기능, 불연성 등 다양한 장점을 가진 자재입니다.

주방 가구는 거실의 화사한 톤과 어울리는 화이트 톤으로 가구를 배치했다. 가구 상부와 하부 사이의 벽면은 미스트랄 사각 타일을 시공해 포인트를 주었다.

계단실의 갤러리 선반. 계단실 벽면은 수직으로 올라가는 눈높이에 맞춰 갤러리 선반을 시공했다. 흑경 마감재와 상부의 매립형 할로겐 조명이 선반 위의 오브제를 돋보이게 해줄 뿐만 아니라 실내가 어두울 때 계단을 비추는 조명 역할을 한다.

계단 옆에 놓인 간이 **세면대**에는 거울 대신 과감하게 타일을 시공해서 간단히 손만 씻을 수 있도록 유도한다.

홀어머니를 모시고 사는 집이라 1층은 어머니의 공간으로, 2층은 건축주 부부와 두 자녀가 지내는 공간으로 나뉘었다.
방 배치도 부부침실을 중심으로 두 딸의 방을 양쪽에 배치하여 균형을 이루었다. 1층 거실과는 또 다른 느낌으로 디자인된 책장 아트월은 벽걸이 TV와 함께 놓을 것을 감안하여 맞춤 제작되었다. 화이트 하이그로시 소재로 경쾌한 느낌을 주었고, 수납공간이 실용성을 더한다.

박공지붕이 있는 곳에 자리 잡은 부부침실은 지붕 모양을 그대로 살린 오픈천장으로 구성했다. 덕분에 큼직한 침대가 놓였음에도 답답하지 않고 여유로움 느낌을 주었다. 또한 남향의 장점을 활용해 픽스창을 하나 더 만들어 빛을 최대한 많이 가져올 수 있도록 했다.

박공지붕 아래 부부침실은 픽스창을 하나 더 만들어 밝고 여유로운 느낌을 주었다.

건축주 부부와 자녀가 함께 지내는 2층 거실의 책장 아트월.

거의 대부분의 건축주들은 집을 지을 때 단열을 최우선으로 고려한다.

목조주택은 충분히 높은 단열 성능을 자랑하지만 마음이 놓이지 않을 경우 이 집처럼 단열재를 조금 더 좋은 것으로 보강한다면 큰 효과를 볼 수 있다. 이처럼 적재적소에 합리적인 대안을 사용하면 부담은 적고 효과는 더 누릴 수 있다.

건축주가 설계자나 현장 소장처럼 건축 지식에 빠삭할 필요까지는 없다. 하지만 모든 공정을 손 놓고 보는 것보다 전체적인 과정을 주의 깊게 지켜보고 스스로 참여해보기도 한다면 좀 더 나에게 잘 어울리는 집을 지을 수 있다.

이 자재가 좋은 자재인지, 이 공법이 좋은 공법인지, 우리 집의 단열이 어떻게 되고 있는지 알지 못한다면 좋은 것을 두고도 좋은 것인지 나쁜 것인지 알 길이 없다.

'아는 만큼 보인다'는 단순한 진리가 집을 지을 때도 적용된다는 사실을 꼭 명심하자.

● 지형 요소, 접근성　　　　　★★★★☆
● 인테리어, 익스테리어　　　　★★★☆
● 내외부 공간 활용도　　　　　★★★★☆
● 비용 대비 완성도　　　　　　★★★★★
● 총점　　　　　　　　　　　　★★★★

평면도

1층

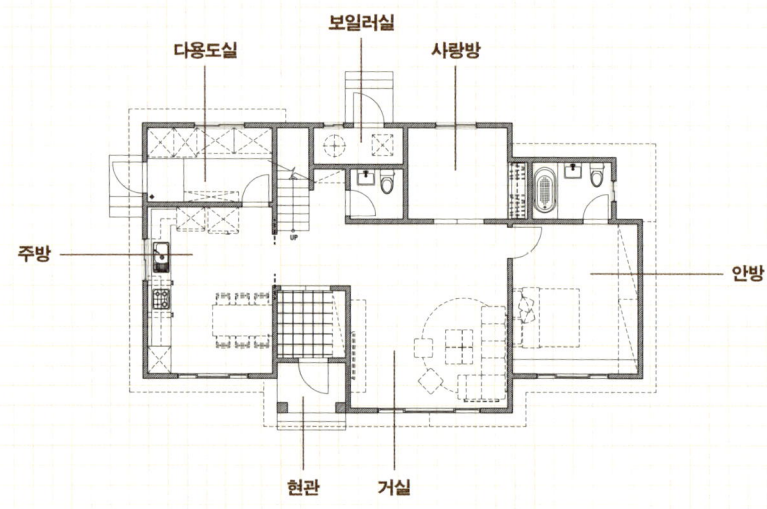

2층

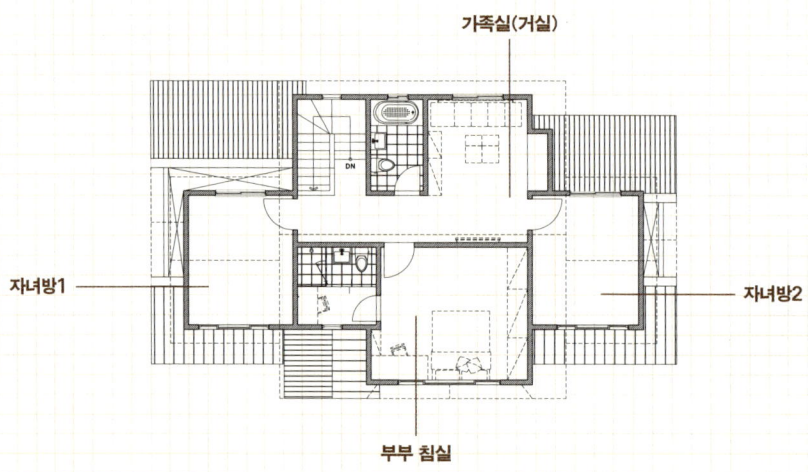

사용 자재 내역

공법	기초-매트기초
	지상-미국식 2×6공법
지붕재	기와
단열재	내단열-인슐레이션R19, 우레탄폼
	외단열-스티로폼
외벽마감재	스타코플렉스, 인조석
창호재	미국식 시스템 창호
내벽마감재	실크벽지
바닥재	강화마루
시공 소요 기간	설계 2개월 / 시공 3개월
특이사항	주차계획(법정 1대)

시공비 내역 (단위: 원)

기초공사	19,360,000
구조공사	52,424,000
외장공사	52,942,000
지붕공사	23,760,000
내장공사	61,370,000
데크공사	8,750,000
욕실공사	17,920,000
창호공사	18,410,000
설비공사	15,620,000
전기공사	12,900,000
총공사합계	283,456,000
평당 단가(VAT 포함)	4,909,179

2

HOME PROJECT

아웃도어의 특별함에 아파트의 편의성을 더하다

무조건 남들과 다른 집이 나만의 집이 되는 것은 아니라는 생각을 다시 한 번 해보게 된다.
많은 사람들이 아파트의 구조나 기능에서 매력을 느끼고 그것을 장점으로 여긴다면 단독주택이라고 이를 가져오지 말란 법은 없다.
보편적인 장점들은 살리고 단점은 하나씩 보완해나갈 때 가족 구성원 모두가 만족하는 집에 가까워진다.

위치	경기도 파주시
지역지구	계획관리지역, 군사협의 제한보호구역
대지면적	517.00m² (156.39평)
건축면적	78.85m² (23.85평)
연면적	113.96m² **(34.47평)**
지상1층	76.24m² (23.06평)
지상2층	37.72m² (11.41평)
구조	**일반목구조**

건설업에 종사하는 건축주 부부는 가족만의 이야기가 오롯이 담긴 집을 짓고 싶다고 했다.

"벽에 그려진 낙서 하나까지도 추억으로 남길 수 있는 우리 가족만의 공간을 꿈꿔왔어요." 어린 시절 추억이 묻어 있는 시골 고향집처럼 시간이 흐를수록 정겨움이 더해가는, 바로 그런 집 말이다. 고등학교에 다니는 딸 때문에 시내에서 그리 멀지 않은 곳, 택지가 조성된 안전한 곳을 선택했고, 전체적으로 따스한 느낌을 풍기는 프로방스 스타일로 디자인했다. 특이한 디자인으로 눈에 띄는 것보다는 주변 환경과 자연스럽게 어우러지는 집이 되었다.

전면은 기와와 파벽돌 등으로 마감하여 집의 콘셉트를 부각시키고 고급스런 느낌을 살렸다.
반면 눈에 잘 띄지 않는 집의 후면은 저렴한 자재로 단순하게 마감함으로써 집 전체가
비용의 균형을 맞추고 실용성을 얻었다.

외관은 기와와 파벽돌로 마감하여 고급스러움을 더했으나 밖에서 잘 보이지 않는 부분은 비교적 저렴한 자재를 사용하여 경제적 효율성을 극대화했다. 이런 유연성을 발휘했기에 비용 대비 훨씬 고급스러운 주택이 탄생할 수 있었다.

어떤 건축주는 처음 이 집을 보고 비싸서 과연 지을 수 있을까 의문을 품었다가도 막상 공사비용을 본 다음에는 이렇게 지어달라고 요청하기도 했다.

평수가 넓지 않은 집일수록 실내 공간을 분리하면 더욱 좁게 느껴진다. 오른쪽의 사진들에서 보듯 이를 보완하기 위해 거실과 주방 사이에 낮은 벽과 개구부를 만들어 분리되어 있지만 융합된 구조로 설계했다. 독립된 주방 공간을 보장하면서도 뚫린 벽이 실내를 넓어 보이게 만든다. 또한 에너지 효율을 높이기 위해 거실은 오픈천장을 배제했다. 오픈천장 구조가 아니기 때문에 2층을 그만큼 넓힐 수 있고, 자연채광과 조망권을 모두 살릴 수 있다.

화이트 톤의 현관문은 깔끔하고 생기 넘치는 집의 이미지를 대변하고,
리듬감 있게 배치된 작은 불투명 창들이 매일 드나들어도
지루하지 않게 늘 새로운 느낌을 전해준다.

연통을 천장으로 높게 올리지 않고
벽으로 뽑아 최대한 천장의 간섭을 줄였다.
벽난로 뒤에 설치된 내화벽돌은
거실 분위기를 따뜻하고 풍성하게 채워주는 인테리어 효과에
안전성까지 결합되어 만족도가 높다.

거실과 주방 사이의 개구부가
공간을 더 넓어 보이게 만든다.

아일랜드 식탁에 쿡탑을 설치하여 더욱 편리하게 식사할 수 있다.
상부의 조명은 도자기 재질로 만들어진 펜던트.
벽면의 브라운톤 컬러 타일이 주방의 포인트를 장식한다.

1층 안방과 화장실 안방은 심플하고 세련된 가구의 느낌을 살릴 수 있도록 과도한 인테리어를 자제하고 화이트톤의 공간으로 디자인했다. 인테리어의 완성은 가구에서 비롯된다는 말처럼 가구의 특색을 최대한 살려 심플하고 단정한 느낌을 연출했다. 화장실은 무채색 계열의 타일을 사용해 깔끔하면서도 무게감이 느껴질 수 있게 했다. 바닥에도 난방이 가동될 수 있도록 설계했기 때문에 곰팡이 걱정 없이 항상 쾌적한 상태로 사용할 수 있다.

화장실 바닥에 난방이 가동되도록 해 곰팡이 걱정 없이 쾌적한 상태를 유지할 수 있다.

2층 자녀 방 거실의 오픈천장을 배제했기 때문에 실내등을 켜지 않고도 항상 밝은 빛을 실내로 끌어들일 수 있는 방 배치가 가능해졌다. 좌우로 난 창이 채광뿐만 아니라 통풍 및 환기 문제도 자연스럽게 해결해준다.

키는 작지만 폭이 넓어서 안정적인 느낌을 주는 데크 난간

데크를 둘러싼 난간을 벽돌로 폭 넓게 쌓아 올렸다. 높이는 낮지만 단단하고 안정감 있는 느낌을 준다. 바닥 또한 일반적으로 데크에 사용하는 목재가 아닌 석재로 시공해 낮은 계단을 밟고 올라섰을 때 '작지만 단단한 집'이란 느낌이 들도록 했다.

작은 평수라도 넓어 보이는 내부, 보여줄 곳은 확실히 보여주고 비용을 절감할 수 있는 부분은 과감하게 줄인 경제성, 작아도 단단한 느낌을 주는 외관, 유행을 좇는 오픈천장 대신 에너지 효율을 먼저 생각한 설계 등등. 이런 아이디어들이 하나씩 모여 훌륭한 집을 완성시켰다. 아파트의 효율성과 장점을 가져오는 대신 단독주택만이 구현할 수 있는 강점들을 융합한 것도 눈여겨 봐둘 만하다.

이 주택을 보면서 무조건 남들과 다른 집이 나만의 집이 되는 것은 아니라는 생각을 다시 한 번 해보게 된다. 많은 사람들이 아파트의 구조나 기능에서 매력을 느끼고 그것을 장점으로 여긴다면 단독주택이라고 이를 가져오지 말란 법은 없다. 큰 틀에서 보통 사람들의 생활방식이 엇비슷하다면 그러한 장점들은 우리가 원하는 집의 모양과 크게 다르지 않을 것이다. 보편적인 장점들은 살리고 단점은 하나씩 보완해나갈 때 비로소 가족 구성원 모두가 만족하는 집에 한 걸음 더 가까워질 수 있다.

● 지형 요소, 접근성	★★★★
● 인테리어, 익스테리어	★★★☆
● 내외부 공간 활용도	★★★★☆
● 비용 대비 완성도	★★★★★
● 총점	★★★★

평면도

1층

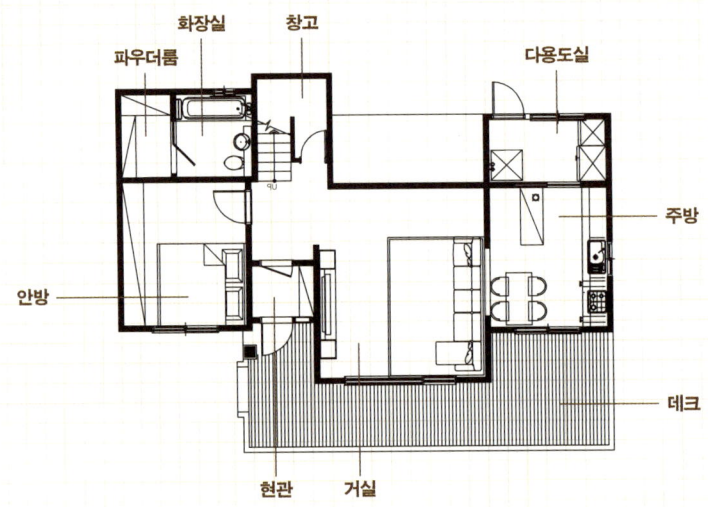

2층

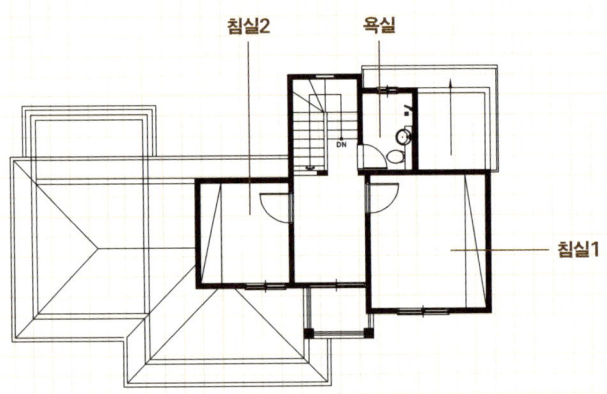

사용 자재 내역

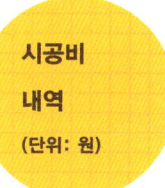

시공비 내역 (단위: 원)

공법	기초-매트기초	**기초공사**	16,550,000
	지상-미국식 2×6공법	**구조공사**	26,200,000
지붕재	기와	**외장공사**	29,800,000
단열재	내단열-인슐레이션R19	**지붕공사**	16,400,000
	외단열-스티로폼	**내장공사**	32,800,000
외벽마감재	스타코플렉스, 파벽돌	**데크공사**	8,750,000
창호재	미국식 시스템 창호	**욕실공사**	7,810,000
내벽마감재	실크벽지	**창호공사**	11,750,000
바닥재	강화마루	**설비공사**	8,060,000
시공 소요 기간	설계 2개월 / 시공 3개월	**전기공사**	7,000,000
특이사항	주차계획(법정 1대)	**총공사합계**	165,120,000
		평당 단가(VAT 포함)	4,790,252

'3D 설계도'로 먼저 체험하는 콘셉트 하우스 | 류명이 제안하는 라이프스타일 맞춤 설계 ❶

휴양지가 부럽지 않은 풀빌라형 전원주택

건축개요

연면적 — 152.76m² (46.21평)
1층 — 82.24m² (24.88평)
2층 — 70.52m² (21.33평)
수영장 면적 — 61.87m² (18.72평)

구조 — 철근콘크리트 구조
지붕마감재 — 방수마감
외부마감재 — 스타코, 인조석

4인 가족에게 가장 인기 있는 주택

- 휴양지의 고급 풀빌라에서 착안한 주택으로 4인 이하 가족이 아늑한 분위기에서 최상의 여가를 누릴 수 있도록 설계했습니다.
- 1층에는 보기만 해도 시원한 수영장을, 2층에는 아늑한 가족실을 두어 안과 밖이 소통하고 늘 밝은 느낌을 주는 주택입니다.
- 1층뿐만 아니라 2층에도 넉넉한 테라스 공간을 제공, 외부 공간을 훨씬 효율적으로 사용할 수 있습니다.
- 특히 현관 앞 복도식 데크는 집에 들어서는 기분을 늘 새롭게 만들어줄 것입니다.

취향에 따라 달라지는 외관

ㄱ자 형태로 하얀 건물을 감싼 어두운 톤의 테라스는 건축주의 취향에 따라 다른 느낌으로 변경이 가능하다. 인조석 대신 목재로 마감한다면 모던함 대신 따뜻한 느낌을 연출할 수도 있다.

집으로 들어서는 특별한 기분

현관을 향해 집으로 들어가는 발걸음이 날마다 경쾌하다. 길지 않은 복도지만 왼편의 야외 스파와 미니 정원 너머 보이는 아늑한 거실이 당신을 반겨줄 것이다.

풀빌라 혹은 집에서의 휴가

유명 휴양지의 명품 풀빌라가 부럽지 않은 수영장. 가족과 함께 또는 손님을 초대해 음식을 내오고 그저 즐기기만 하면 된다. (수영장 대신 데크를 넓게 빼거나 텃밭으로 변경할 수도 있는 공간)

더 넓고 항상 밝은 거실

오픈 천장으로 된 거실로 쏟아져 들어오는 햇빛이 실내를 늘 밝게 만들어준다. 조명을 잠시 꺼두고 밤하늘의 별을 집에 가득 담는 상상을 해본다.

군더더기 없이 깔끔한 주방
주방에서 언제든지 야외 데크나 수영장으로 음식을 내갈 수 있다. 음식을 만들 때의 동선을 고려해 주방은 적당한 넓이에 최대한 간결한 구조로 설계했다.

나만을 위한 재충전의 공간
2층의 실내 스파는 1층 수영장과 함께 이 집의 중요한 공간 중 하나다. 개방된 수영장이 부담된다면 이곳에서 피로를 풀고 내일의 걱정도 잠시 잊을 수 있을 것이다.

또 하나의 작은 거실, 가족실
계단을 오르면 또 다른 작고 아담한 거실이 나타난다. 가족들이 모여서 대화를 나눌 수 있는 공간이 될 수도 있고, 자녀를 위해 문을 달아 작은 공부방으로 만들어도 좋다.

부부만의 시간을 위한 카페
1층의 미니 정원 바로 위에 위치한 2층 테라스는 부부가 조용히 대화를 나누기 위한 카페로 제안한다. 정원에서 높이 자란 나무들이 바람에 스친다.

미니 정원이 선사하는 안정감
본채와 수영장 사이에 놓인 미니 정원은 가족들의 정서를 한결 평화롭고 부드럽게 만들어 줄 것이다. 전원이 아니라 해도 창밖의 풍경은 언제나 푸르름이 가득하다.

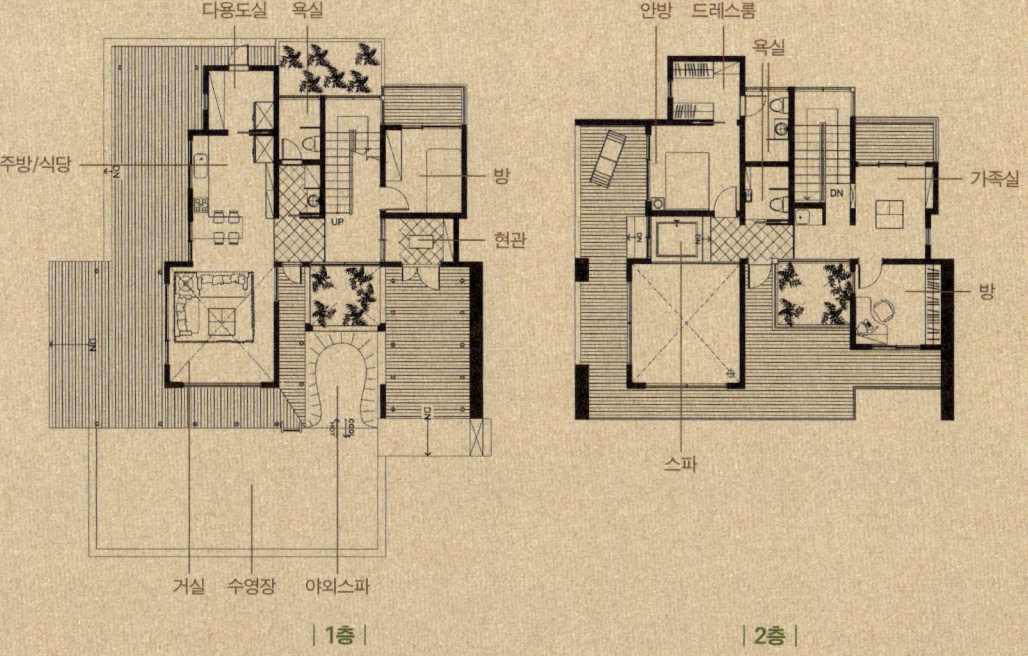

| 평면도 쉽게 보기 |

- 주택의 특성상 수영장을 포함해 테라스의 형태를 건축주가 자신의 라이프스타일에 따라 직접 변경할 수 있다.
- 수영장과 스파의 배치에 따라 욕실의 배치도 결정되었다. 두 공간을 유기적으로 배치해 동선을 최대한 줄였을 뿐만 아니라 이동하는 공간의 바닥재는 닦아내기 쉬운 타일로 마감했다.
- 안방, 드레스룸 등을 과감하게 2층으로 올림으로써 1층은 가족 모두의 공간이 되도록 유도했다. 1층 모든 공간의 활용도도 그만큼 높아질 수밖에 없다.
- 2층의 테라스가 넓기 때문에 모든 공간에서 출입이 자유롭다. 전망 확보는 물론 외부 활용도가 높아지며 동선도 자유롭게 변화를 줄 수 있다.
- 미니 정원과 맞닿아 있으면서 수영장과 연결된 야외 스파는 수심을 낮게 해서 발만 담근 채 휴식을 취하거나 아이들을 위한 물놀이장으로도 활용할 수 있다.

3

HOME PROJECT

아파트 숲속에서 더 빛나는, 혼자만을 위한 1인 주택 설계

비대칭적인 지붕 구조를 지니고 있지만 희한하게도 안정감을 전해주는 외관,
오직 필요한 공간들과 실용적인 기능들로만 메워진 실내.
이 주택의 건축주는 전문가보다 더 전문가다운 아이디어를 통해 자기만의 집을 완성시켜나갔다.

위치	대전광역시
지역지구	제1종 전용주거지역
대지면적	250.80m² (75.86평)
건축면적	73.92m² (22.36평)
연면적	99.13m² **(29.98평)**
지상1층	68.46m² (20.71평)
지상2층	30.67m² (9.27평)
구조	**일반목구조**

"어릴 때부터 나만의 기지를 구축하고 싶었어요. 한번 책을 손에 잡으면 며칠동안 놓지 않곤 했는데, 그러다 보니 아무에게도 방해받지 않고 내가 꿈꾸는 세상을 그릴 수 있는 공간이 절실했죠. 어릴 때부터 꿈꿔왔던 과학자가 되어 내가 원하는 공간에서 공부와 연구에 몰두할 수 있게 되어 너무 만족합니다."

설계의 반은 건축주의 상상에서 탄생한다. 항공우주연구원으로 일하는 건축주는 일반적인 주택 디자인을 탈피하고 싶다고 거듭 강조했다. 혼자서 연구에 집중할 공간, 뜨거운 머리를 식힐 수 있는 휴식과 힐링의 공간이 공존하는 주택은 그렇게 탄생했다.

주택의 일반적인 형태를 그대로 답습하지 않고 생각의 방향을 조금만 바꾸면 이처럼 건축주의 개성과 라이프스타일이 충실히 반영된 집을 지을 수 있다.

주택 외관의 가장 큰 포인트는 비대칭으로 집 전체를 덮는 지붕이다. 평범하지 않은 디자인은 호불호가 갈릴 수 있지만, 이 주택은 포인트가 되는 지붕을 제외하면 일반적인 주택의 형태를 충실히 따랐기 때문에 기능과 형태 모두 건축주의 만족도가 높았다.
비대칭 높낮이를 지닌 지붕 아래 뭔가 특별한 공간이 숨어 있을 것만 같고, 지붕재로 쓰인 징크가 왼쪽 벽면까지 흘러내려 단단한 껍질로 두른 느낌도 준다. 또한 살짝 내민 처마는 여름의 뜨거운 빛을 걸러주고, 겨울의 따뜻한 빛을 더 깊이 받아들일 수 있도록 설계되었다.

아파트 숲에 둘러싸인 채 건축주의 개성을 마음껏 뽐내려는 듯한 기운이 느껴진다.
모래사장의 조개 혹은 조개 속의 진주 같은 느낌이다.

건축주의 실용성이 엿보이는 배면(위).
입체적으로 햇빛을 끌어들이는 정면과 측면에 낸 창.

효율적인 설계와 건축주의 디자인 감각이 결합된 전면과 측면의 창들이 외적으로 독특한 매력을 풍길 뿐만 아니라 더 많은 빛을 끌어들여 실내를 밝고 화사하게 만든다. 실내로 들어서면 작은 평수답지 않은 넓은 공간감을 느낄 수 있다.

외관 못지 않게 인테리어도 꽤 독특한데, 다락방을 위해 만든 지붕 위의 창을 일반적인 크기보다 더 크게 하고 거실 천장도 더 높였다. 지붕 위의 창은 거실뿐만 아니라 2층 다락까지 밝혀준다. 언뜻 잘 정돈되지 않아 보이는 실내 디자인이지만 새롭고 과감한 시도로 인해 나름의 개성을 획득했다.

배면은 꼭 필요한 개구부만을 위해 존재한다. 건축주의 실용적인 마인드가 배면에서 여실히 드러난다. 여러 개의 작은 창은 단열에 유리하다. 디자인적인 요소보다는 실용성을 고려한 창만 적절히 배치되어 있는 모습이다. 결과적으로 창의 배치만으로 단조로운 평면에 묘한 리듬감이 생겼다.

이 주택의 외관만 보았을 때 가장 호기심을 불러일으키는 공간은 아마도 다락방일 것이다. 다락방이라고 하면 보통사람들은 아주 좁고 생활하기 불편한 곳이라고 생각한다. 하지만 다락방을 조금만 쓸모 있게 만들면 높은 층고의 아주 운치 있는 곳이 된다. 건축주는 연구에 몰두하다가도 휴식이 필요할 때 이곳 다락 공간으로 향한다.
이곳에서 앞뒤로 은은하게 스며드는 햇살을 만끽하거나 독서 또는 영화감상으로 여가 시간을 보낼 수도 있다. 이 집의 주인에게 다락방은 2층에 있는 거실이다.

건축주 혼자 살게 될 집이기 때문에 작은 평수에 굳이 거실과 주방을 분할할 필요가 없었다. 작지만 넓은 집처럼 살고 싶다는 건축주의 요구도 한몫했다. 그 결과 거실에서 주방까지 이어지는 오픈천장, 2층 다락방의 창, 복잡 미묘한 천장의 프레임들이 한데 어우러져 실제보다 공간이 더 확장되었다는 느낌을 갖게 만든다.

거실에서 주방까지 이어지는 오픈천장, 2층 다락방의 창, 그 밖의 복잡 미묘한 천장 프레임들이 한데 어우러져 지루하지 않은 실내 분위기를 만들어낸다.

커피를 좋아하는 건축주를 위해 주방에서 곧장 외부로 나갈 수 있는 작은 문을 설치했다. 일반적으로 주방에서 바깥으로 통하는 문은 폴딩도어를 선호하는 편이다. 하지만 폴딩도어는 단열에 취약하고 벌레가 내부로 침입하는 경우가 많다는 단점도 있다. 밖으로 나갈 수 있고, 드나드는 데 불편함만 없으면 된다는 건축주의 실용적인 마인드가 다시 한 번 적용된 것이다.

주방은 야외 데크로 바로 이어져 여름철에는 바비큐 파티를 하기에 딱이다. 연구를 하다 머리가 지끈거릴 때는 이곳에서 동료 연구진들과 함께 식사를 하며 스트레스를 날려버릴 수도 있다.

1층 파우더룸. 방으로 통하는 문에 레일을 달아 공간의 낭비를 확실히 줄였다. 미닫이 문을 열고 들어오면, 파우더 룸이 전실로 존재하며, 이 공간에서 욕실과 침실로 진입한다. 중간의 전이공간으로 다양한 분위기로 변신이 가능하다.

2층 방과 드레스룸. 가로 줄무늬 벽지로 활기찬 느낌을 준 2층 침실은 천장을 지붕 모양 그대로 살려 재미있게 마감했다. 완만한 박공 모양의 천장 스타일은 공간에 이색적인 요소로 작용한다. 드레스룸은 건축주의 요청에 따라 비용 절감 차원에서 붙박이장을 설치하지 않고 깔끔한 커튼으로 공간만 확보해주었다. 커튼의 디자인만 주기적으로 바꿔주어도 색다른 공간이 탄생할 수 있다.

아파트에 사는 사람들이 날마다
부러운 눈으로 이 집을 내려다보고 있겠지?

대전의 연구단지에 있는 작은 주택. 젊은 과학자를 위해 만들어진 이 주택은 주거 외에도 건축주 혼자만의 연구실이다.

보기 드문 외관과 짜임새 있는 실내 구조는 마치 어른을 위한 하나의 근사한 장난감처럼 보이기도 한다.

비대칭적인 비율을 지니고 있지만 희한하게도 안정감을 전해주는 외관, 오직 필요한 공간들과 실용적인 기능들로만 메워진 실내. 처음부터 끝까지 이 주택이 지어지는 과정을 함께하면서 많은 것을 생각해볼 수 있었다.

그전까지 건축을 한다는 이유로 건축주의 의견보다 나 자신의 지식에만 의존해왔던 것을 아닐까 하는 반성부터 보통의 기준에서 조금만 벗어나도 위험하다고 생각했던 것들이 어떤 때는 참신한 아이디어가 될 수도 있다는 교훈까지. 이 주택의 건축주는 전문가보다 더 전문가다운 아이디어로 가득 차 있었던 것이다.

지금 이 순간에도 언젠가 완성될 나만의 집을 꿈꾸고 있는 예비 건축주들에게 보내는 한마디.

"가끔은 허무맹랑해도 좋습니다. 그 허무맹랑한 상상력이 더욱 개성 있고 특별한 집을 만들어낼 것입니다."

● 지형 요소, 접근성	★★★★★
● 인테리어, 익스테리어	★★★★★
● 내외부 공간 활용도	★★★★
● 비용 대비 완성도	★★★★★
● 총점	★★★★★

평면도

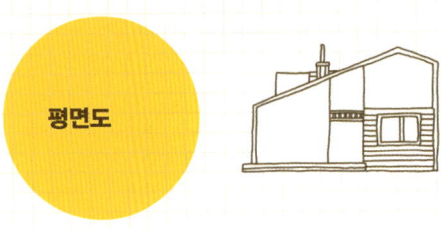

1층

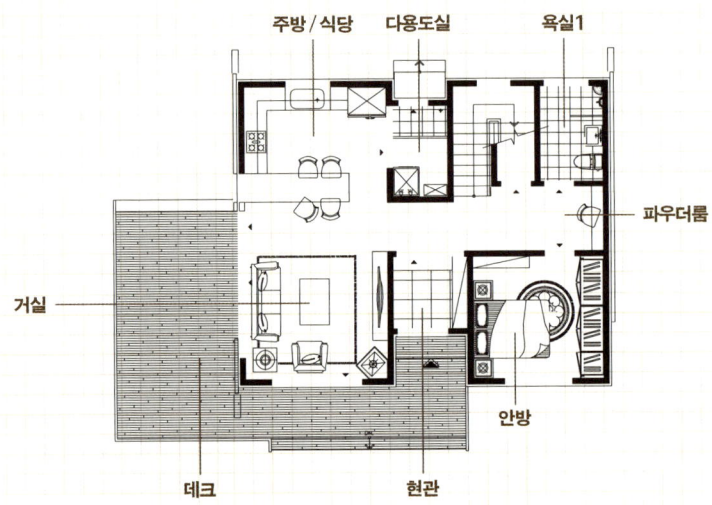

주방/식당, 다용도실, 욕실1, 파우더룸, 거실, 안방, 데크, 현관

2층

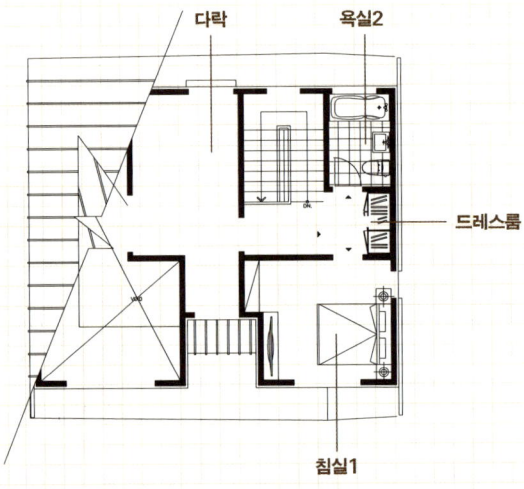

다락, 욕실2, 드레스룸, 침실1

사용 자재 내역

공법	기초-매트기초
	지상-미국식 2×6공법
지붕재	징크
단열재	내단열-인슐레이션R19
	외단열-스티로폼
외벽마감재	스타코플렉스, 적삼목사이딩
창호재	미국식 시스템 창호
내벽마감재	실크벽지
바닥재	강화마루
시공 소요 기간	설계 2개월 / 시공 3개월
특이사항	주차계획(법정 1대)

시공비 내역 (단위: 원)

기초공사	10,617,400
구조공사	36,700,000
외장공사	35,100,000
지붕공사	15,400,000
내장공사	31,000,000
데크공사	9,818,000
욕실공사	7,862,000
창호공사	12,170,000
설비공사	7,160,000
전기공사	6,200,000
총공사합계	172,027,400
평당 단가(VAT 포함)	5,734,247

4
HOME PROJECT

지형의 핸디캡을 극복해 나만의 정원을 만들어낸 집

부지가 세모꼴이라고 해서, 또는 경사진 지형이라고 해서 집을 짓지 말란 법은 없다.
땅과 그 주변 환경을 잘 활용한다면 이 집처럼 자연과 좀 더 친숙해지고
집을 둘러싼 공간들도 자기 생활양식에 맞게 이용할 수 있다.
우리가 지으려는 집은 아파트가 아닌 주택이기 때문이다.

위치	강원도 홍천군
지역지구	계획관리지역
대지면적	660.00m² (199.65평)
건축면적	85.41m² (25.83평)
연면적	138.47m² **(41.88평)**
지상1층	85.41m² (25.83평)
지상2층	53.06m² (16.05평)
구조	일반목구조

"이런 땅에도 집을 지을 수 있겠습니까?"

처음 현장을 찾았을 때 어디선가 물 흐르는 소리가 들렸다. 산과 산 사이에 계곡이 흐르고 있었다. 대지는 세모꼴이었다. 건축주는 홍천 일대 부동산을 수도 없이 드나들다 옆으로 난 계곡의 작은 폭포를 보고 마음이 움직여 바로 계약을 했다고 설명했다. 물이 흐르고 있어 사람들이 꺼리는 위치라는 것도 알고 있었다. 문제는 이런 지형에 어떻게 집을 지을 수 있느냐는 것이었다. 사실 건축주의 걱정이 엄살로 느껴질 정도로 땅에 대한 첫 느낌이 좋았다. 세모꼴 부지다 보니 가장 안쪽으로는 집을 지을 수 없었지만 계단식으로 부지를 정리하고 낮은 석축을 쌓아 공원 느낌의 정원을 만들 수 있었다. 또한 특이하게도 집을 경계로 앞뒤 모두 정원으로 사용할 수 있었다. 사진처럼 삼각형의 꼭짓점에 해당하는 가장 끝 부분은 텃밭이 되었다.

계곡과 산속에 묻혀 있는 집이기 때문에 자연과 조화를 이루는 것이 중요했다. 기와는 튀지 않는 어두운 톤으로 시공했고, 집 전체를 파벽돌로 감쌌다. 전면을 적삼목 사이딩으로 마감해 나무와 돌이 조화를 이룬 자연 그대로의 느낌을 살렸다.

집안 내부 구조는 비교적 단순하다. 자식들은 모두 외국에 나가 있었고, 건축주 부부는 주말에 와서 생활하는 데 불편함이 없어야 했다. 부부 침실을 2층에 두었기 때문에 1층은 거실, 거실과 분리된 주방, 화장실 등 최소한의 요소만 배치했다.

1층 거실은 2층까지 뚫려 있는 오픈 천장 구조인데, 일반적인 설계와 달리 2층 복도를 난간이 아닌 창으로 설계했다. 2층의 프라이버시를 지키면서도 2층 복도에서 전망을 볼 수 있게 하려는 건축주의 의도가 설계에 반영된 것이다.

2층 복도가 이런 방식이 될 수도 있구나. 특이한 설계 같아.

1층도 안락함을 느끼고 2층도 나름의 프라이버시를 지킨다... 꽤 괜찮은 아이디어 같아.

벽면 마감재는 에코카라트 제품. 유려한 마감과 습기까지 조절하는 기능을 갖춘 고급 실내 마감재이다. 색상 대비와 패턴 대비로 생동감을 주었으며 높은 층고까지 올라가면서 시원한 느낌을 선사한다. 샹들리에는 한얼조명의 엘칸토 2단 15등.

단정한 느낌을 추구하는 부부 침실에는 채광량이 상대적으로 많기 때문에 간결한 등박스와 단조주물로 라운딩된 직부 조명이 매칭되었다. 바닥재, 문, 등박스를 동일한 색상으로 매칭해 공간의 톤을 정돈했다.

화장실은 대리석 타일과 노란 조명이 어우러져 고풍스러우면서 따뜻한 느낌을 동시에 갖추고 있다.

바깥의 자연을 눈에 더 담고자 한 건축주의 의견대로 이 집에는 창이 많다. 물론 단열도 충분히 고려한 것이다. 계단실에도 커다란 창을 내서 빛을 더 많이 끌어왔다.

이 집은 땅의 모양을 효율적으로 활용한 좋은 사례다. 깔끔하게 정돈되고 체계적으로 구획된 땅은 모두가 원하지만 쉽게 찾기도 어려울 뿐만 아니라 지가가 상승하기 때문에 매입하기에도 적지 않은 부담이다. 전셋집을 고르듯 땅도 발품을 팔아가며 많이 볼수록 원하는 땅을 살 수 있다고 말하는 데에는 다 그럴 만한 이유가 있는 것이다.

물론 이 건축주처럼 땅 주변 지형에 마음이 끌려 매입하는 경우도 종종 발생한다. 하지만 부지가 세모꼴이라고 해서, 또는 경사진 지형이라고 해서 집을 짓지 말란 법은 없다. 땅과 그 주변 환경을 잘 활용한다면 이 집처럼 자연과 좀 더 친숙해지고 집을 둘러싼 공간들도 자기 생활양식에 맞게 이용할 수 있다.

우리가 지으려는 집은 아파트가 아닌 주택이기 때문이다.

● 지형 요소, 접근성	★★★☆
● 인테리어, 익스테리어	★★★☆
● 내외부 공간 활용도	★★★★
● 비용 대비 완성도	★★★★★
● 총점	★★★★

평면도

| 1층 |

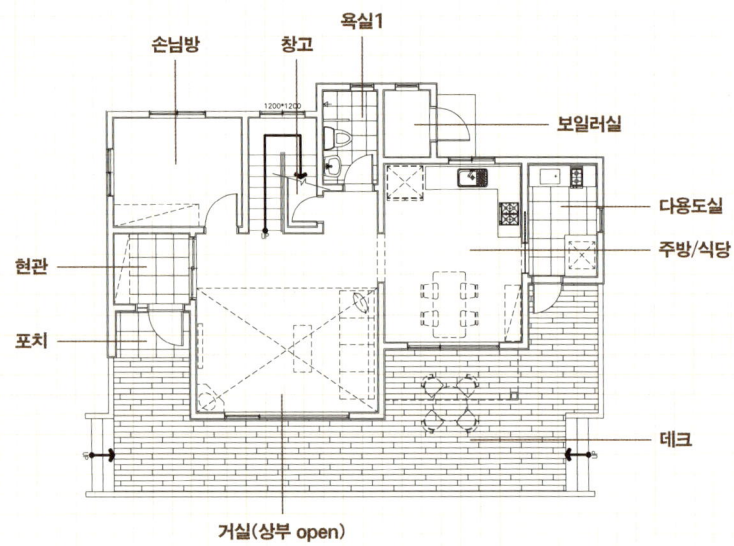

| 2층 |

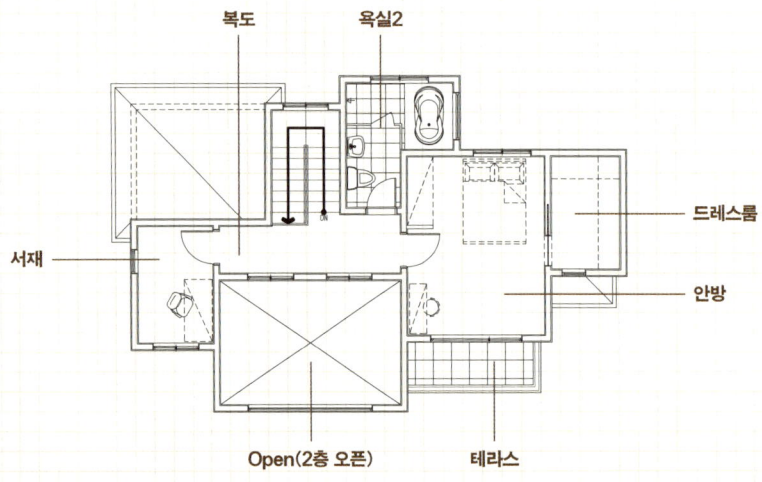

사용 자재 내역

공법	기초-매트기초
	지상-미국식 2×6공법
지붕재	시멘트기와
단열재	내단열-인슐레이션R19
	외단열-스티로폼
외벽마감재	스타코플렉스, 파벽돌, 적삼목사이딩
창호재	미국식 시스템 창호
내벽마감재	실크벽지
바닥재	강화마루
시공 소요 기간	설계 2개월 / 시공 3개월
특이사항	단독정화조 10인용 설치

시공비 내역 (단위: 원)

기초공사	14,430,000
구조공사	52,164,000
외장공사	40,938,000
지붕공사	22,700,000
내장공사	39,500,000
데크공사	7,650,000
욕실공사	7,810,000
창호공사	14,498,000
설비공사	9,690,000
전기공사	8,400,000
총공사합계	217,780,000
평당 단가(VAT 포함)	5,200,096

'3D 설계도'로 먼저 체험하는 콘셉트 하우스 | 류명이 제안하는 라이프스타일 맞춤 설계 ❷

남자의 로망을 완성하다

┃ 건축개요 ┃

연면적 — 163.41m² (49.43평)
1층 — 104.40m² (31.58평)
2층 — 59.01m² (17.85평)

구조 — 일반목구조
지붕마감재 — 아스팔트싱글
외부마감재 — 스타코플렉스

┃ 쉬고 싶은 남자를 위한 주택 ┃

- 나만의 공간을 꿈꾸는 중년 부부, 특히 중년 남성을 위한 주택을 제안합니다.
- 목조주택이라고 해서 반드시 경사 지붕으로 설계해야 한다는 편견을 과감히 버렸습니다. 목조주택도 얼마든지 경사 지붕이 없는 모던 스타일 주택으로 디자인할 수 있습니다.
- 지붕과 벽채의 홈을 통해 배수를 원활하게 해서 누수의 가능성을 단 1%도 남기지 않았습니다. 게다가 단열 성능까지 충분히 고려해 디자인과 경제성을 모두 갖춘 주택입니다.
- 서재를 본채와 분리해 독립적인 활동을 보장했습니다. 일할 때든 휴식을 취할 때든 누구에게도 방해받지 않는 공간입니다.

목조주택의 변신은 무죄!

"목조주택이 맞냐고요? 네, 맞습니다." 콘크리트 주택에서 구현되던 외관을 목조주택으로 과감히 끌어들였다. 모던하고 세련된 느낌 속에 포근하고 안락한 실내가 당신을 기다리고 있다.

복잡한 현실은 잠시 제쳐두고

나만의 독립된 공간을 갖는 것에 대한 꿈이 이루어지는 곳. 하지만 너무 안락한 분위기에 취해 본채로 돌아가는 것을 잊지 않도록 주의할 것.

있어야 할 것과 없어도 되는 것

모던함의 진가는 반드시 있어야 할 것만 남기고 그 밖의 모든 것을 지울 때 나타난다. 적합한 위치에 딱 필요한 크기 만큼의 현관이 이 집의 콘셉트를 충실히 대변한다.

더 많은 빛으로 더 생기 넘치는 거실

높이 솟은 천장과 창이 거실 공간을 항상 밝고 쾌적하게 만든다. 집 안 사물 곳곳에 빛이 닿아 당신의 생활을 생동감 있게 만들어주는 모습을 상상해본다.

눈에 즐거움을 안겨주는 인테리어
주방과 트여 있어 더 넓어 보이는 거실, 부드럽게 휘어져 올라가는 회전계단, 폴딩도어 너머에는 서재로 향하는 문. 한눈에 들어오는 집의 공간들이 매 순간 즐거움을 선사한다.

알람시계 없이 맞이하는 아침
거실에서 짧은 복도를 지나 안락한 침실로 들어선다. 데크를 통해 들어오는 선명한 아침 햇살이 시끄러운 알람시계조차 필요치 않게 만든다.

발칙하지만 자꾸만 가고 싶은 2층
2층 가족실에 파격적으로 히노끼탕을 설치했다. 살랑거리는 바람을 느끼며 반신욕을 하고 나면 곧바로 샤워를 할 수 있도록 화장실과 드레스룸이 건너편에 자리 잡고 있다.

풍요는 생각보다 가까운 곳에 있다
반신욕을 할 때도, 그저 창밖을 내다보고 싶을 때도 책은 늘 곁에 있을 것이다. 꽂혀 있는 책을 꺼내 읽기만 하면 된다. 그것으로 충분하지 않은가?

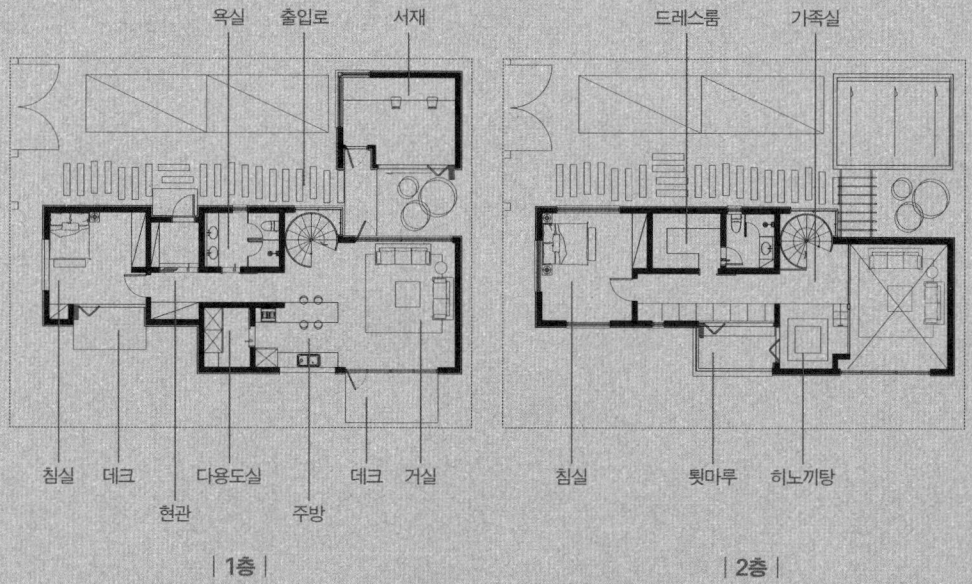

| 평면도 쉽게 보기 |

- 1층 서재는 본채와 완벽히 분리되어 나만의 공간이 생겼다는 확실한 느낌을 줄 수 있다. 일할 때나 휴식을 취할 때 어느 누구에게도 방해받지 않아도 되는 독특한 공간이다.
- 계단실이 단지 1층과 2층을 오가는 용도로만 쓰인다면 그것 또한 공간의 낭비가 아닐까? 거실 바로 옆에 원형으로 오픈되어 있는 계단은 커다란 창을 통해 들어오는 햇살을 받으며 잠시 앉아서 쉴 수 있도록 설계했다.
- 가끔 풀리지 않는 문제로 가슴이 답답하다면 2층 가족실 난간에 걸터 앉아 시원한 바람을 온몸으로 느껴보라. 해가 진 뒤 툇마루에 누워 쏟아질 듯한 별들을 바라보는 것만으로 모든 고민이 날아갈 것이다.
- 2층은 지친 몸과 마음을 회복시켜줄 힐링 스페이스이다. 히노끼탕에 몸을 담그면 하루의 스트레스가 언제 그랬냐는 듯 다 날아가버릴 것이다. 중년 남성의 오래된 로망을 소박하게나마 이루어줄 수 있는 주택으로 제안한다.

HOME PROJECT 5

노부모를 배려한 전통과 모던의 결합

누구나 자기 집이라면 남들의 탄성을 자아내고 예쁘다는 얘길 듣고 싶어 한다.
하지만 정작 나와 내 가족이 살기 불편하다면 모든 것이 부질없다.
3대가 함께 사는 이 집은 부모님 세대의 취향과 건축주의 취향을 조화롭게 결합하기 위해
여러 번 설계를 수정했고, 온 가족이 불편하지 않게 각각의 삶을 누리는 데 일관된 초점을 맞추었다.

위치	경상북도 문경시
지역지구	도시지역, 제1종 일반주거지역
대지면적	462.00m^2 (139.75평)
건축면적	137.78m^2 (41.67평)
연면적	234.54m^2 **(70.94평)**
지상1층	122.97m^2 (37.19평)
지상2층	111.57m^2 (33.74평)
구조	**일반목구조**

건축을 전공하고 건축에 남다른 철학을 가지고 있는 건축주.

이런 분들에겐 대개 자신만의 고집과 철학이 있기 마련이다. 이 집의 경우 설계 의뢰를 하기 전에 건축주가 이미 어느 정도 스케치된 그림을 보여주었으며, 설계 진행 중에도 8번이나 변경 수정을 거치면서 군더더기 없는 콘셉트를 갖춰갔다.

사실 설계하는 데 시간이 오래 걸린 이유는 3대가 함께 살아야 하는 문제가 걸려 있기 때문이었다. 건축주 부부는 자신들의 취향대로 모던한 스타일을 추구하였으나 전통방식을 고수하는 부모님과 피치 못할 갈등을 겪고 있었다. 이 부분에서 절충이 필요했던 것이다. 결국 1층은 한옥 냄새가 물씬 풍기는 전통 스타일을, 2층은 건축주 부부의 요구대로 모던한 스타일을 혼합해 나름의 조화를 꾀하기로 했다.

부모님을 위한 1층의 독립 공간은
전통과 세련미가 조화를 이루고 있어 안정적인 느낌을 준다.
거실 공간과 구분되어 있어 시원하게 문을 열어두어도 프라이버시가 보장된다.
4쪽 한식도어, 복도 끝은 다마스크 문양의 포인트 실크 벽지로 마감.

전체적으로 직각으로 떨어지는 외관이 다소 밋밋해질 수도 있었지만 파벽돌, 적삼목 사이딩을 적절하게 배치하여 돋보이도록 시공했다. 채광, 냉난방, 디자인 등 여러 조건들을 고려한 창의 크기와 위치들이 흥미롭다. 특히 ==통유리나 일반적인 베란다 창호를 사용하지 않은 1층 외관이 눈에 가장 먼저 들어온다.==

이 주택은 1층 거실의 일부만 오픈천장 구조로 만들고 나머지 공간을 2층 네 가족이 사용하는 효과적이고 특이한 구조로 설계되었다. 이런 구조는 1층과 2층이 서로 독립적인 공간이면서도 연결되어 있다는 느낌을 갖게 한다. 2층의 하중을 받치고 있는 기둥은 그 자체로 훌륭한 인테리어가 되면서 동시에 거실과 주방을 구분해주는 역할도 한다.

계단을 오르면
한눈에 2층의 모든 공간이
들어온다.

한솔 강화마루 레브.
월넛 특유의 중후한 느낌이
공간의 격조를 한층 높인다.

건축주 부부의
안방.

자녀들이 사용하는 공부방과 놀이방.
공부방은 화사하고 따뜻한 라임색 벽지와 조명으로 전체적인 톤을 맞췄다.

1층과 2층의 생활공간이
각각 독립적으로 보장되기 때문에
부모님을 모시고 살기에
좋은 설계라고 할 수 있어!

2층에서 건축주 부부와 두 딸의 주된 생활이 이루어지는 만큼 거실과 침실, 아이들 방뿐만 아니라 심지어 간이 주방까지 모두 촘촘하게 자리 잡고 있다. 1층 거실 천장 전체를 오픈하지 않았기 때문에 2층 거실도 네 가족이 모여 대화를 나누거나 TV를 시청하기에 충분한 공간이 확보되었다.

1층 주방이 온 가족이 모여 식사를 하는 메인 공간으로 사용되지만 2층에도 건축주 부부와 자녀들이 그때그때 드나들 수 있는 바(bar) 형태의 간이 주방을 두어 기본적인 취사, 간단한 끼니 해결이 가능하도록 했다. 일반적인 주택에 비해 주방의 활용도가 적절히 분산되어 있어 불필요한 동선을 줄일 수 있다.

왼쪽은 온 가족이 이용하는 1층 메인 주방.
오른쪽은 건축주 부부와 자녀들이 간단한 조리를 할 수 있는 2층 간이 주방.

건축주가 한 친구의 얘기를 들려줬다.

"부모님을 모시고 살지만 자신들 의견만을 주장해 통유리에 대리석이 깔린 집을 만들었다. 부모님은 집 안에서도 외투에 양말을 신어야 했고, 밖에서 집 안을 들여다보는 것 같다며 통유리에 시트지를 붙였다. 그리고 결국 다른 집을 구해 나가버리셨다."

누구나 자기 집이라면 남들의 탄성을 자아내고 예쁘다는 얘길 듣고 싶어 한다. 내 자식이 칭찬받는 것처럼 집에 대한 칭찬도 분명 내 어깨를 으쓱하게 만드는 지점이 분명히 있다. 하지만 정작 나와 내 가족이 살기 불편하다면 모든 것이 부질없다. 건축주는 집이 완성된 후에 이렇게 말했다.

"가장 멋진 집은 남들이 부러워하는 집이 아니라 거기서 살고 있는 사람에게 편안함을 주는 집이겠죠."

- ● 지형 요소, 접근성 ★★★★
- ● 인테리어, 익스테리어 ★★★☆
- ● 내외부 공간 활용도 ★★★★
- ● 비용 대비 완성도 ★★★★☆
- ● 총점 ★★★★

평면도

| 1층 |

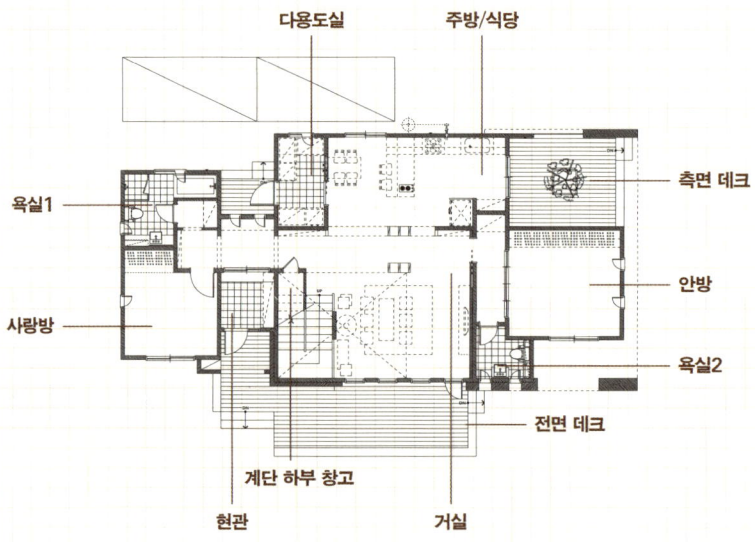

| 2층 |

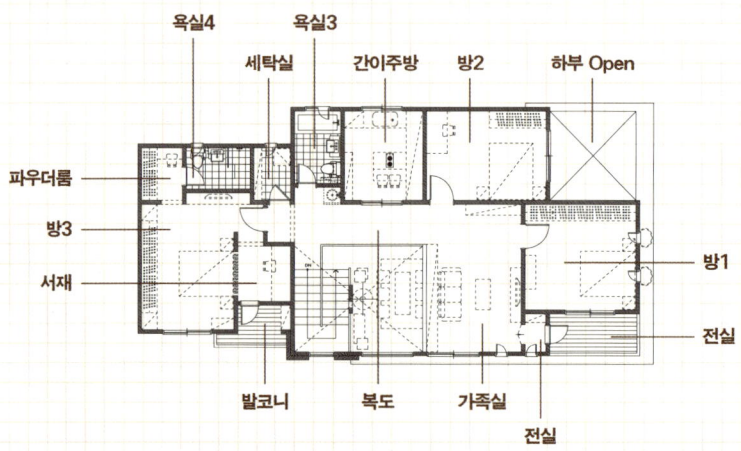

사용 자재 내역

공법	기초-줄기초
	지상-미국식 2×6공법
지붕재	아스팔트싱글
단열재	내단열-인슐레이션R19
	외단열-스티로폼
외벽마감재	스타코플렉스, 파벽돌, 적삼목사이딩
창호재	미국식 시스템 창호
내벽마감재	실크벽지
바닥재	강화마루
시공 소요 기간	설계 2개월 / 시공 3개월
특이사항	주차계획(법정 2대)

시공비 내역 (단위: 원)

기초공사	24,228,000
구조공사	81,049,000
외장공사	72,900,000
지붕공사	15,240,000
내장공사	65,500,000
데크공사	9,600,000
욕실공사	17,600,000
창호공사	16,760,000
설비공사	16,600,000
전기공사	15,400,000
총공사합계	334,877,000
평당 단가(VAT 포함)	4,720,567

6

HOME PROJECT

비용은 낮게 효율은 높게, 도심 속 전원 설계의 정석

집은 주인을 닮는다는 말이 절묘하게 맞아 떨어진 멋진 주택이다.
건축주의 젊은 감각과 오랜 준비가 있었기에 모든 면에서 만족스러운 집이 탄생할 수 있었다.
외관상의 고급스러움과 실내의 모던함이 잘 어우러졌고,
마당뿐만 아니라 2층에도 자리 잡은 정원은 도심 속의 전원을 느끼기에 부족함이 없다.

위치	경상남도 거제시
지역지구	도시지역, 제2종 일반주거지역, 제1종 지구단위계획구역
대지면적	324.43m² (98.14평)
건축면적	138.99m² (42.04평)
연면적	241.31m² **(72.99평)**
지상1층	138.99m² (42.04평)
지상2층	102.32m² (30.95평)
구조	**ALC블럭구조**

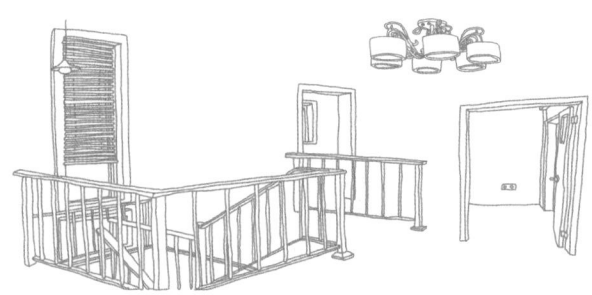

거제도에 위치한 이 주택을 보는 사람들은 대부분 건축주 나이가 굉장히 젊을 것이라고 생각할 것이다.

하지만 놀랍게도 이 집을 의뢰한 건축주는 60대 후반의 부부였다. 자녀들은 이미 직장 때문에 독립한 상태였고, 실 거주자는 건축주 내외뿐이었다.

첫 미팅 때 건축주가 보여준 컴퓨터에는 수많은 인테리어 자료들이 가득했다. 하나같이 심플하고 모던한 스타일이어서 즉각 건축주의 취향을 알아차릴 수 있었다. 건축주도 자신은 젊으니 젊은 사람 대하듯 대해달라고 요청했다. 건축주는 ALC 주택으로 짓기를 원했다. 이미 ALC공법에 대한 기본적인 정보를 갖춰놓은 상태여서 공법에 대해서는 긴 설명이 필요치 않았고, 건축주의 중요한 요구사항인 디자인 특히 인테리어에 신경을 많이 썼던 집이다.

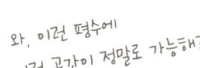

와, 이런 평수에
이런 공간이 정말로 가능해?

2층에
아늑한
정원을
만든 것도
멋진데!

최초로 설계를 했을 때는 건축사가 건축주의 요청에 의해 창을 너무 크게 냈다. 최초 설계를 받자마자 바로 건축주에게 전화를 걸어 창 크기를 줄여야 한다고 설명했다. 아래와 같은 두 가지 이유에서였다.

첫째, ALC주택이기 때문에 단열성이 굉장히 좋다. 하지만 그런 까닭에 내·외부 온도차가 클 수밖에 없는데 이것은 바꿔 말하면 상대적으로 단열이 취약한 유리면에 결로 현상이 생기기 쉽다는 것을 뜻한다. 창과 벽의 이음새 부분에 곰팡이가 생기는 것이다.
둘째, 비용적인 문제이다. 창의 크기를 크게 하면 규격창이 아닌 비규격 창으로 들어가기 때문에 상대적으로 비쌀 수밖에 없다. 게다가 창의 크기가 크면 2중 유리로는 단열 효과가 나지 않기 때문에 반드시 3중 유리로 해야 한다. 다행히 건축주도 의견에 동의했고, 창의 크기가 바뀌면서 거실도 세로로 길게 빠지는 구조로 수정되었다.

집짓기 IQ 창을 크게 내고 싶다고요?

집을 지을 때 가장 많이 신경 쓰게 되는 단열 문제. 그럼에도 많은 건축주들은 단열은 단열대로, 창은 크고 시원해 보이는 느낌으로 하길 원합니다. 하지만 이 두 가지 조건이 만족스럽게 양립하기란 쉬운 일이 아닙니다. 3중 유리로 시공한다 해도 가격이 2배 가까이 차이가 나기 때문에 웬만하면 추천해드리지 않으려고 합니다. 조금만 양보해서 창의 크기를 줄이고 2중창으로 시공한다면 단열 문제도, 비용 문제도 합리적으로 해결할 수 있을 것입니다.

인테리어는 전반적으로 화이트톤을 기본으로 하되 블랙으로 포인트를 주었다. 불필요한 인테리어 장식은 지양하고 깔끔한 주방가구와 거실가구를 배치함으로써 모던함을 더했다. 건축주의 요청으로 안방은 잠만 잘 수 있는 공간으로 한정하되 거실의 크기를 과감하게 넓혔다. 그 결과 거실이 일반 45평 주택의 1.5배정도까지 넓게 빠졌다. 깊이감이 느껴지는 구조인 데다 주방과 탁 트여 있어 상대적으로 더 넓어 보인다.

안방은 가구와 인테리어를 최소화하고 잠만 잘 수 있는 공간으로 만들었다. 차분하면서도 모던한 느낌을 표현하기 좋은 브라운 그레이 톤으로 연출했으며 천장의 포인트는 질석벽지로 마감했다.

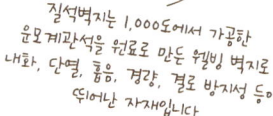

**가구 및 인테리어를 최소화해
잠만 잘 수 있는 공간으로 만든 안방.**

질석벽지는 1,000도에서 가공한 운모계관석을 원료로 만든 웰빙 벽지로 내화, 단열, 흡음, 경량, 결로 방지성 등이 뛰어난 자재입니다.

블랙, 화이트 투톤의 와이드 아트월과 질석벽지로 마감된 우물형 천장은 거실을 더욱 넓고 깊이 있게 만든다.

주방 인테리어는 하부를 블랙으로, 상부를 화이트로 맞춰 강렬한 대비를 이룬다. 아일랜드 식탁 상판은 두 색깔이 어우러진 그레이로 선택했다. 천장 조명은 한식 창살을 제작해 매립했다. 은은한 분위기를 연출하면서 주방의 편안함과 간결함을 살린다.

계단실의 세로로 길게 뻗어 올라간 창은 빛을 최대한 끌어오고, 상승하는 느낌이 집을 더욱 웅장해 보이게 만든다. 건축주의 요구사항에 따라 계단 골조를 그대로 노출시켰다. 일반적인 계단 구조일 경우 아래 공간을 창고로 활용할 수 있지만 골조 노출일 때는 이를 포기해야 한다. 디자인이냐 공간의 효율성이냐? 그 우선순위를 잘 생각해보고 결정해야 할 지점이다.

디자인을 강조한 오픈형 계단.
컬러는 역시 그레이.
차가워 보일 수 있는 느낌을 우드 핸드레일로 완화시켜주었다.

2층 테라스는 건축주의 특별한 요구에 따라 정원으로 꾸며졌다. 구조상 1층 거실 상부가 정원이 될 수밖에 없었기 때문에 방수에 대해서도 2중 3중으로 신경을 썼다. 주택단지 내에 지어진 집이지만 2층 테라스에 오르면 여유롭게 경치를 즐기며 차 한 잔 마실 수 있는 기분이 든다. 집이 전체적으로 직선 위주로 설계되었기 때문에 2층 테라스의 화단 라인을 곡선으로 시공해 정서적인 안정감이 생기도록 배려했다.

작은 정원 사이에 휴식을 취할 수 있는 테이블을 배치하고
지붕은 가운데 부분만 덮어 비 오는 날의 운치를 즐길 수도 있다.

집은 주인을 닮는다는 말이 절묘하게 맞아 떨어졌다는 인상을 주기에 충분했다. 나이는 그저 숫자에 불과할 뿐, 젊은 감각과 오랜 준비가 있었기에 모두가 만족할 수 있는 집이 될 수 있었다. 외관상의 고급스러움과 실내의 모던함이 잘 어우러졌고, 마당뿐만 아니라 2층에도 자리 잡은 정원은 도심 속의 전원을 느끼기에 부족함이 없다. 부부와 자녀가 함께할 수 있는 정원과 게스트룸, 운동실이 있는 2층은 사실 1층에 비해 활용도가 떨어지는 공간들이다. 1층에서 대부분의 생활이 이루어질 수 있게 함으로써 불필요한 냉난방 비용을 아끼기 위한 의도를 알 수 있다.

ALC주택이 지닌 치명적인 단점을 보완할 수 있었던 것도 건축주가 열린 마음으로 설계사의 조언을 받아들였기 때문에 가능했다. 결과적으로 비용은 절감하고 효율성은 높일 수 있는 주택이 된 것이다. 총 공사비만 따지면 결코 만만한 가격이라 할 수 없지만 같은 비용으로 이처럼 만족스러운 집을 짓는 것 또한 쉽지 않았을 것이다.

● 지형 요소, 접근성	★★★★
● 인테리어, 익스테리어	★★★★
● 내외부 공간 활용도	★★★★
● 비용 대비 완성도	★★★★★
● 총점	★★★★☆

평면도

| 1층 |

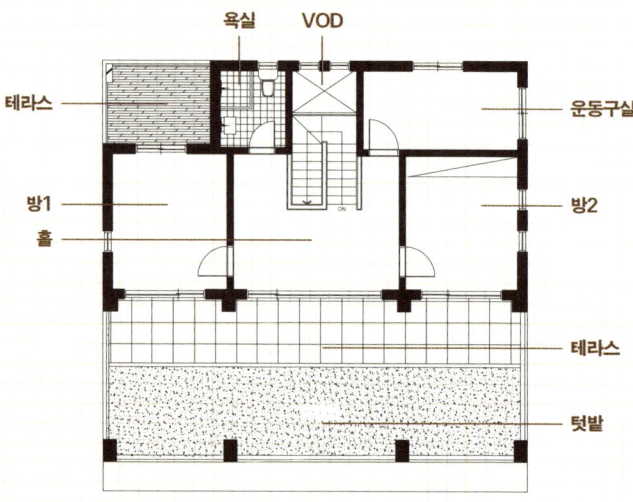

| 2층 |

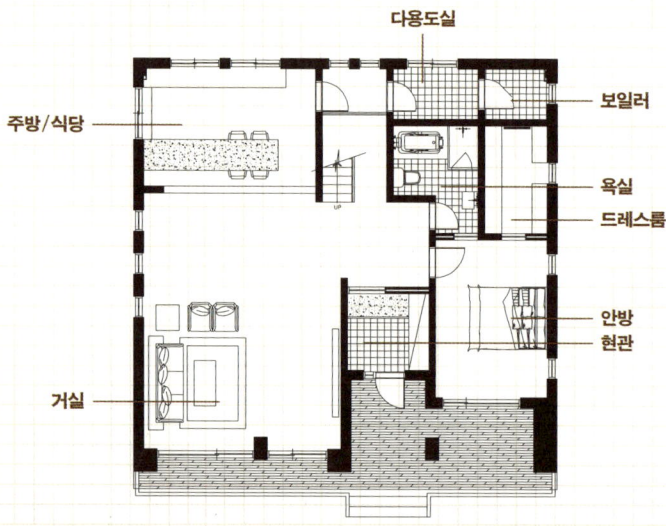

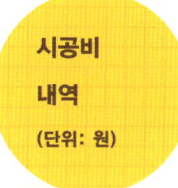

공법	기초-줄기초	**기초공사**	24,750,000
	지상-ALC블럭구조	**구조공사**	85,170,000
지붕재	아스팔트싱글	**외장공사**	89,830,000
단열재	내단열-ALC블럭	**지붕공사**	17,800,000
	외단열-스티로폼	**내장공사**	82,100,000
외벽마감재	아이루프, 스타코플렉스, 베이스판넬	**데크공사**	9,940,000
창호재	시스템 창호	**욕실공사**	11,500,000
내벽마감재	실크벽지	**창호공사**	29,560,000
바닥재	강화마루	**설비공사**	18,100,000
시공 소요 기간	설계 2개월 / 시공 4개월	**전기공사**	18,100,000
특이사항	주차계획(법정 1대)	**총공사합계**	386,850,000
		평당 단가(VAT 포함)	5,300,041

'3D 설계도'로 먼저 체험하는 콘셉트 하우스 | 류명이 제안하는 라이프스타일 맞춤 설계 ❸

자연 속으로 떠나는 아름다운 여행

건축개요

연면적 — 101.40㎡ (30.67평)
1층 — 101.40㎡ (30.67평)

구조 — 일반목구조
지붕마감재 — 리얼징크
외부마감재 — 스타코플렉스, 적삼목

노부부의 평안과 안식을 위한 주택

- 누구보다도 성실하고 열심히 살아온 노부부의 평화로운 마지막 여정을 함께할 단층 주택을 제안합니다.
- 노부부를 위한 집이라고 해서 디자인까지 고답적일 필요는 없습니다. 트렌드에 어울리는 모던하고 미니멀한 외관을 표현하되 실내는 자연과 동화된 느낌을 강조했습니다.
- 외장재로 사용된 징크와 스타코플렉스가 누구보다도 세련된 노부부의 주택임을 실감케 해줄 것입니다.
- 전원이 아니어도 좋습니다. 도심 속에서도 내 집에서만큼은 전원 못지않은 자연을 만끽할 수 있도록 설계했습니다.
- 실내는 문턱과 계단을 과감히 지양함으로써 유니버설 디자인을 추구합니다.

따뜻한 햇살을 담은 모던 스타일
외장재로 모던함을 강조하였고, 창을 크게 내어 외부의 경관과 빛을 자연스럽게 끌어들였다. 스타코플렉스가 기본 마감이지만 적삼목 사이딩을 더해 따뜻한 느낌이 더욱 살아난다.

너무 많은 추억할 것들
청명한 날이 아니라도 좋다. 현관 옆으로 자연스럽게 이어진 데크는 흔들의자에 앉아 지난 날을 추억하기에 더없이 아늑한 공간이 될 것이다.

나의 아름다운 정원에서
중정은 실내에 자연을 가져다줄 뿐만 아니라 공간을 훨씬 웅장하게 만들어준다. 집 안 어디서든 나만의 아름다운 정원을 만끽할 수 있다.

초록을 품은 거실
중정은 거실과 주방을 자연스럽게 분리하는 한편 실제 거실 면적보다 더 넓어 보이게 만드는 효과를 가지고 있다. 실제 동선을 고려했기 때문에 이동 시에 불편할 염려도 없다.

다양한 취향을 배려한 거실 아트월
거실 뒤쪽 벽면에 아트월을 설치하여 중정만으로 해소할 수 없는 건축주의 다양한 취향을 반영하도록 배려했다. 중정에 들어서면 거실 아트월이 또 다른 자연이 될 수도 있다.

한 걸음 뒤에 자리 잡은 텃밭
싱크대를 일자로 배치하는 대신 나만의 정원이 넓고 길게 뻗은 주방의 배경이 된다. 작은 텃밭을 일군다면 싱싱한 채소를 바로 뒤에서 가져올 수 있을 것이다.

어디서든 자연스럽게 이어지는 공간들
주방과 식당, 데크를 연결하고 데크와 실내 사이에는 폴딩도어를 설치함으로써 공관과 공간의 이동이 쉬우며 외부와 내부의 소통 또한 원활하게 이루어진다.

또 가고 싶은 할머니 할아버지 집
게스트룸은 가끔씩 들르는 자녀와 손주들의 프라이버시를 최대한 존중해주고, 머무는 동안에는 최대한의 안락함을 제공하기 위한 목적으로 만들어졌다. 이제 할머니 할아버지 집은 잠자리가 불편해서 자주 찾지 못하는 곳이 아니라 내 집처럼 편안한 곳이다.

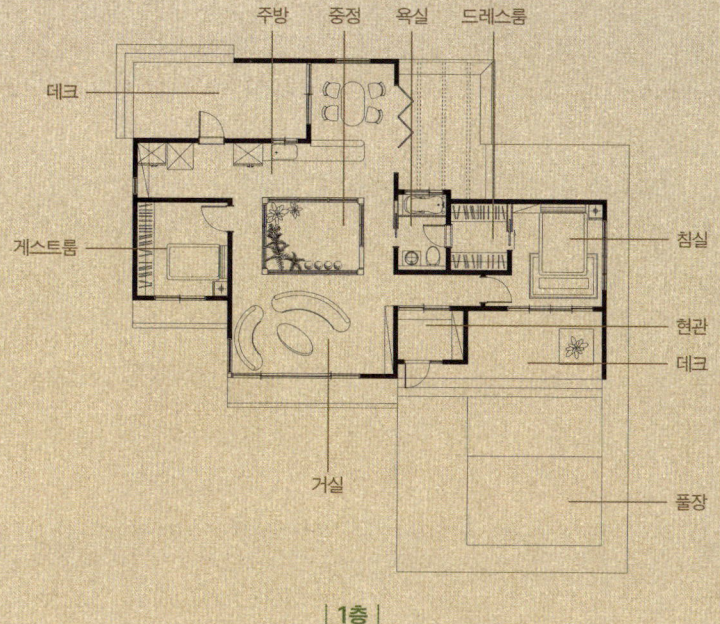

| 1층 |

| 평면도 쉽게 보기 |

- 중정은 실제 면적에 포함되지 않기 때문에 집 또한 실제 평수보다 훨씬 넓은 느낌을 줄 수 있다.
- 단층으로 계획된 주택은 좀 더 아늑할 뿐만 아니라 계단을 오르내리다 발생할 수 있는 불의의 사고를 원천 봉쇄한다. 손주들이 들러도 한결 마음이 놓일 것이다.
- 중정의 우측 복도를 기준으로 좌측은 거실, 식당, 게스트룸 등이 배치된 공용(/손님) 공간이며, 우측은 안방, 드레스룸 등이 배치된 개인 공간이다. 공간의 성격과 활용도에 따라 최적의 상태로 구분했다.
- 노부부를 위한 집이기 때문에 동선을 최소화할 필요가 있었다. 현관으로 들어가면 오른쪽으로 곧바로 욕실, 드레스룸, 안방이 나온다. 또한 왼쪽으로는 중정이 자리 잡은 거실로 진입하게 되어 바로 휴식을 취할 수 있다. 중정을 배경으로 레스토랑과 같은 분위기 속에서 느긋한 식사를 즐길 수 있을 것이다.

HOME PROJECT

아이들이
놀면서 공부하고
공부하면서
꿈을 키우는 집

집에는 그 안에 사는 사람의 직업, 생활패턴, 철학 등 모든 것이 담겨 있다.
이 집의 경우에는 설계부터 시공까지 아이들을 위한 부모의 사랑이 듬뿍 담겨 있었다.
단독주택으로 이사를 오고 난 후 아이들의 삶에 많은 변화가 생겼다.
마당에서 뛰어놀며 흙을 가까이 할 수 있게 되었고 전보다 더 건강해졌다.

위치	경기도 여주시
지역지구	계획관리지역
대지면적	458.00m² (138.54평)
건축면적	119.26m² (36.07평)
연면적	164.50m² **(49.76평)**
지상1층	119.26m² (36.07평)
지상2층	45.24m² (13.68평)
구조	**일반목구조**

요즘 아이들은 흙의 느낌을 잘 모른다….

교사로 일하는 건축주 부부가 집을 지으려는 가장 큰 이유 중 하나였다. 이들이 맨 처음 생각한 땅 구입 시 고려사항은 두 가지로 비교적 단순했다.

첫째, 이웃이 있고 자연과 가까운 곳.

둘째, 아이들 교육을 위해서 학교와 멀지 않은 곳.

그래서 고른 땅은 타운하우스 부지 근방. 설계에 들어가기 전 부지를 답사하러 갔을 때 한창 주변에서 토목공사가 진행 중이었다. 모든 집에는 그 안에 사는 사람의 직업, 생활패턴, 철학 등 모든 것이 담겨 있다. 이 집의 경우에는 설계부터 시공까지 아이들을 위한 부모의 사랑이 듬뿍 담겨 있다.

나와 내 가족을 위한 집으로 들어가는 길.
바닥에 곡선으로 깔린 돌길이 안정감과 리듬감을 준다.

거실과 서재는
하나로 연결된 공간이지만
거실 소파의 직각 배치로
공간의 성격이 자연스럽게 구분된다.

이 집에서 가장 독특한 공간은 서재다. 보통 서재라고 하면 남편의 휴식공간이자 업무공간으로 활용된다. 또한 위치도 2층 구석진 곳 조용한 공간에 두어 가족 중 일부 구성원(대개 남편)만을 위한 고유의 공간이 되곤 한다.
하지만 이 집의 서재는 온 가족이 이용하는 도서관이자 공부방, 부모와 아이들이 일상의 소소한 대화를 스스럼없이 나누는 대화의 장이다.

디자인월의 스톤 베이지와 브라운은
동화자연마루에서 만든 벽체용 마감재이다.
브라운 계열의 따뜻한 느낌을 살려 투톤 배치함으로써
단조로움을 피했다.

1층에 위치한 서재는 고립된 방이 아니라 거실과 연결된 열린 공간이자, 동시에 아이들의 공부방이기도 하다. 천장을 오픈한 거실과 바로 옆에 보이는 서재를 자유롭게 드나들 수 있다. 교사 부부는 아이들에게 공부도 하나의 놀이로 인식될 수 있도록 유도한다.
이처럼 거실과 공부방이 연결된 구조는 가족이 함께 대화하다가 자연스럽게 공부하는 분위기로 전환될 수 있다는 장점을 가지고 있다. 또한 거실에 직각으로 배치된 소파는 두 공간의 성격과 쓰임새가 다름을 형식적으로 구분해주는 역할을 한다.

거실을 바라보고 있는 주방은 ㄷ자 형태의 안쪽 폭을 좀 더 좁게 해서 불필요한 움직임을 최소화시켰다. 바(bar) 형태로 된 식탁에서 식사를 끝내면 바로 뒤에 있는 싱크대에서 설거지와 정리를 하기가 훨씬 편해졌다.

이 집의 전체 조명은 LED 전구를 사용한다. 일반 전구에 비해 2배쯤 비싸지만 더 밝고, 무엇보다 전기요금이 50% 정도 절감되는 효과를 볼 수 있다. 건축주 부부도 처음에는 투자비용이 높아 많이 망설였지만 나중에 고지서를 받아 본 후에는 LED 전구를 사용하길 잘했다고 말했다.

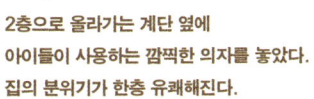
2층으로 올라가는 계단 옆에
아이들이 사용하는 깜찍한 의자를 놓았다.
집의 분위기가 한층 유쾌해진다.

같은 구조, 다른 느낌

1층 서재와 거실은 가족 중심이지만 2층에 있는 두 아이들의 방은 각각 따로 두어 아이의 사생활과 독립심을 길러주는 데도 신경을 썼다. 두 아이의 성격에 맞는 벽지로 꾸며 같은 구조이지만 다른 느낌이 나도록 했다.

벽지를 고를 때도 가구를 배치할 때도
자녀의 취향을 적극적으로 고려했다.
아이들이 온전히 자기 방의 주인으로 살게 해주는 것도
좋은 집이 되기 위한 하나의 방법이 될 수 있다.

이 집을 짓기 전에 건축주가 가장 심하게 부딪힌 문제는 무엇이었을까? 다름 아닌 아이들의 반대였다고 한다. 놀이터에 나가면 또래 친구들과 당장 어울려 놀 수 있고 편의시설도 가까웠기 때문에 아이들은 아파트가 더 좋다고 했다. 끈질긴 설득 끝에 단독주택으로 이사를 오고 난 후 아이들의 삶에 많은 변화가 생겼다. 마당에서 뛰어놀며 흙을 가까이 할 수 있게 되었고 전보다 더 건강해졌다.

처음부터 아이들에게 초점을 맞추어 설계를 진행했지만 이때 놓쳐서는 안 될 중요한 사실이 있다. 아이들은 계속 자란다는 것. 바꿔 말하면 아이들에게 초점을 맞춘 설계란 가족 모두의 삶을 충실히 고려한 설계가 될 수밖에 없다. 자녀의 독립심을 길러주고 커가면서 가족의 소중함을 자연스럽게 체득할 수 있게 해주는, 바로 그런 집 말이다.

- 지형 요소, 접근성 ★★★★
- 인테리어, 익스테리어 ★★★☆
- 내외부 공간 활용도 ★★★★
- 비용 대비 완성도 ★★★☆
- 총점 ★★★☆

 평면도

| 1층 |

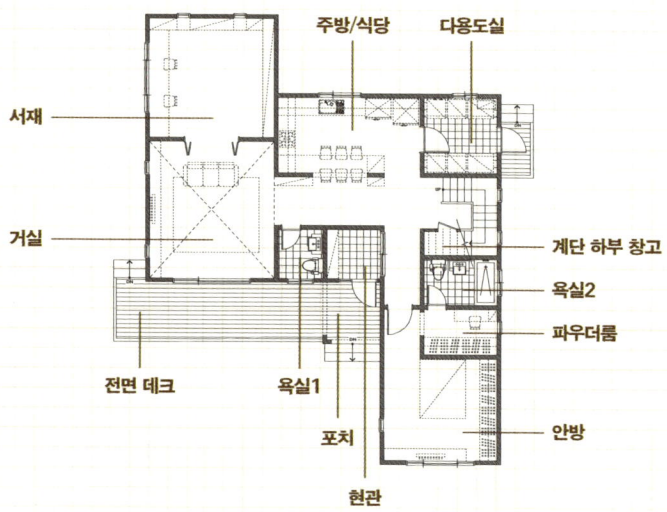

서재, 주방/식당, 다용도실, 거실, 계단 하부 창고, 욕실2, 파우더룸, 전면 데크, 욕실1, 포치, 안방, 현관

| 2층 |

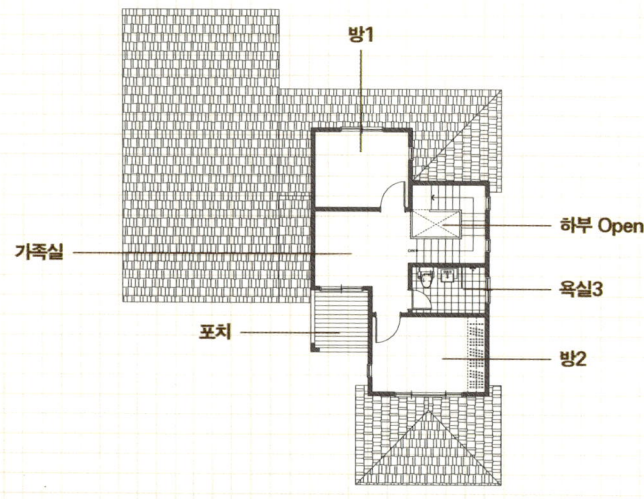

가족실, 방1, 하부 Open, 욕실3, 포치, 방2

사용 자재 내역

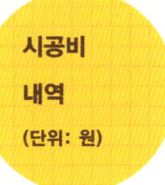

시공비 내역 (단위: 원)

공법	기초-매트기초	기초공사	16,300,000
	지상-미국식 2×6공법	구조공사	50,090,000
지붕재	아스팔트싱글	외장공사	46,150,000
단열재	내단열-인슐레이션R19	지붕공사	13,966,000
	외단열-스티로폼	내장공사	56,250,000
외벽마감재	스타코플렉스, 파벽돌	데크공사	6,562,000
창호재	미국식 시스템 창호	욕실공사	11,710,000
내벽마감재	실크벽지	창호공사	16,240,000
바닥재	강화마루	설비공사	11,660,000
시공 소요 기간	설계 2개월 / 시공 3개월	전기공사	10,150,000
특이사항	주차계획(법정 1대)	총공사합계	**239,078,000**
		평당 단가(VAT 포함)	4,804,622

8
HOME PROJECT

마음에 휴식이 필요할 때 찾는 집, 세컨 하우스

집의 목적, 필요한 것과 필요하지 않은 것에 대한 판단과 과감한 결정.
이런 것들이 하나씩 모여 삶의 일부가 되어가는 모습을 보여준 집이다.
겉으로나 안으로나 군더더기라고는 하나도 찾아볼 수 없고,
실속 있는 평수로 비용을 절약하면서도 건축주가 원한 현대적인 느낌을 잃지 않았다.

위치	경기도 이천시
지역지구	계획관리지역
대지면적	618.00m² (186.94평)
건축면적	116.32m² (35.18평)
연면적	154.31m² **(46.67평)**
지상1층	116.32m² (35.18평)
지상2층	37.99m² (11.49평)
구조	**일반목구조**

서울의 한 대기업에서 일하는 건축주는 상담 당시 퇴직 이후의 생활을 위해 이미 15년 전에 땅을 사놓았다고 했다. 그 정도로 준비가 철저했다. 15년 전 허허벌판이었던 땅에는 자연스럽게 주택단지가 조성되고 있었다. 세컨 하우스를 짓겠다고 마음먹은 건축주의 요구조건은 간단명료했다.

첫째, 가급적 간결한 외관으로 소박한 단순미를 강조하고 싶다.

둘째, 집 안의 공간들이 오밀조밀하게 모여 있으면 좋겠다.

셋째, 주방과 거실은 열린 공간으로.

넷째, 온실이 있으면 좋겠다.

마지막 요구 조건이 의외였다. 아파트 베란다에서 화초를 키우는 것과 비슷한 의미일 거라고 짐작했던 것은 오산이었다. 건축주는 정말 제대로 된 온실을 생각하고 있었고, 그 규모와 운영 방법도 구체적으로 생각하고 있었다. 어쨌거나 화초를 기르는 취미생활을 꼭 하고 싶다는 굳은 신념과 구체적인 계획이 있었기에 설계에도 이를 충실히 반영할 수 있었다.

건축주가 강조한 요구사항이었던 만큼 집 한켠에 딸린 온실은 가장 신경이 많이 쓰이는 부분이었다. 볕이 잘 드는 남향에 배치해야 하고, 실내 온도도 항상 13~15도씨가 유지되도록 하는 게 관건이었다.

이런 온실의 까다로운 조건을 만족시키기 위해서 2중 유리로 전체 공간을 짜고, 안쪽에 비닐을 한 번 더 덧씌웠다. 바닥에 깔린 자갈들과 ㄱ자로 짜올린 선반이 그럴듯한 온실 느낌을 준다. 건축주도 혼자 관리하기에 알맞은 공간에 대해 높은 만족감을 나타냈다.

집 안으로 들어서면 밝고 외향적인 건축주의 성격대로 깔끔하고 환한 거실과 주방이 한눈에 다 들어온다. 아일랜드 식탁이 놓인 주방은 이렇게 거실과 시원하게 트인 주방 구조에서 진가를 발휘한다.

주방은 전체적으로 화이트와 블랙 컬러를 대비시켰지만 주요 포인트는 블루.
푸른 바다를 연상시키는 터키산 타일이 상쾌한 기분을 선사한다.

수납 공간도 많고,
타일 컬러나 분위기도
마음에 들고, 조명도 밝고,
후드도 큼직하고,
거실도 한눈에 들어오고...
전부 다 마음에 들어! 이런 주방 스타일은
반드시 체크해야 돼!

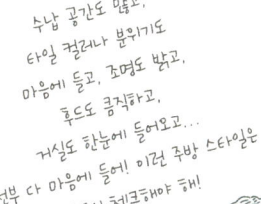

거실에 놓인 벽난로는 겨울철 난방을 책임질 뿐 아니라 탁월한 인테리어 효과를 발휘한다. 특히 오픈 천장일 때 실내 공기가 따뜻하게 데워져 바닥 난방을 가동하지 않아도 훈훈함을 느낄 수 있다. 벽난로에서 꺼내 먹는 군고구마도 빠질 수 없는 소소한 재미. 아트월은 벽을 타고 올라가 천장까지 이어진다. 실내가 전체적으로 밝은 톤이기 때문에 블랙과 그레이 톤의 아트월이 무게중심을 잡아 세련미를 선사한다.

주방 위의 작은 다락방 창과 치장 단조가 아기자기한 프로방스 스타일을 연출한다.

이 집의 2층은 부부침실이 전부다. 외부와 같은 눈높이에 침실이 있는 것을 피하기 위해 2층에 자리 잡았다. 있어야 할 것만 있고 없어도 될 것은 과감하게 배제한 건축주의 실용 정신이 돋보인다. 주말에 와서 머물게 될 세컨 하우스의 개념에도 잘 맞는다.

집 바로 옆에 딸린 온실이 남편의 공간이라면 집을 둘러싼 마당은 아내의 것이다. 준공 후 첫 방문 때도 아내는 날이 풀리기도 전인데 마당 가꿀 준비에 여념이 없었다. 꽃밭을 가꾸고 과일나무를 심고 텃밭에서 자란 고추와 상추를 따 먹는 것이 가능해졌다는 데서 아내는 다시 태어난 기분이라고 말한다.

집짓기 IQ | 세컨 하우스에 홈오토시스템은 필수

주말에 머무는 세컨 하우스는 동절기에 일주일 동안 싸늘해진 집을 데우는 데만 1~2시간이 걸립니다. 이때 홈오토시스템을 설치하면 스마트폰으로 난방을 가동시킬 수 있습니다. 뿐만 아니라 집을 비운 평일에 집 안 어딘가에 충격이 가해졌을 때도 스마트폰으로 인지가 가능하고, CCTV를 설치해 언제든지 상황을 볼 수 있습니다. 비용 측면에서도 큰 부담이 없기 때문에 한 번쯤 고려해볼 만한 시스템입니다.

집의 목적, 필요한 것과 필요하지 않은 것에 대한 판단과 과감한 결정. 이런 것들이 하나씩 모여 삶의 일부가 되어가는 모습을 보여준 집이다. 겉으로나 안으로나 군더더기라고는 하나도 찾아볼 수 없고, 실속 있는 작은 평수로 비용을 절약하면서도 건축주가 원한 현대적인 느낌을 잃지 않았다. 누군가에게 과시하기 위한 집보다는 지친 몸과 마음을 치유해줄 수 있는 평안한 공간이 되길 원했던 건축주의 바람이 이 집을 통해 이루어진 것이다.

집을 지을 때 10년은 늙는다는 말이 있다. 땅 매입부터 설계, 시공에 이르기까지 끊임없이 신경을 써야 하고 크고 작은 분쟁이 발생하는 일도 잦기 때문일 것이다. 하지만 이 건축주는 집을 짓는 내내 즐거웠다고 했다. 설계자와 시공자가 건축주의 의사를 잘 이해하고 충실히 실행에 옮긴 이유도 있겠지만, 사실은 건축주 자신이 오랜 시간에 걸쳐 집에 대해 고민하고 철저히 준비한 게 더 큰 이유였다.

확실한 콘셉트와 막힘없는 소통이 이처럼 실용적인 주택을 완성시킨 셈이다.

● 지형 요소, 접근성	★★★★
● 인테리어, 익스테리어	★★★☆
● 내외부 공간 활용도	★★★☆
● 비용 대비 완성도	★★★☆
● 총점	★★★☆

평면도

| 1층 |

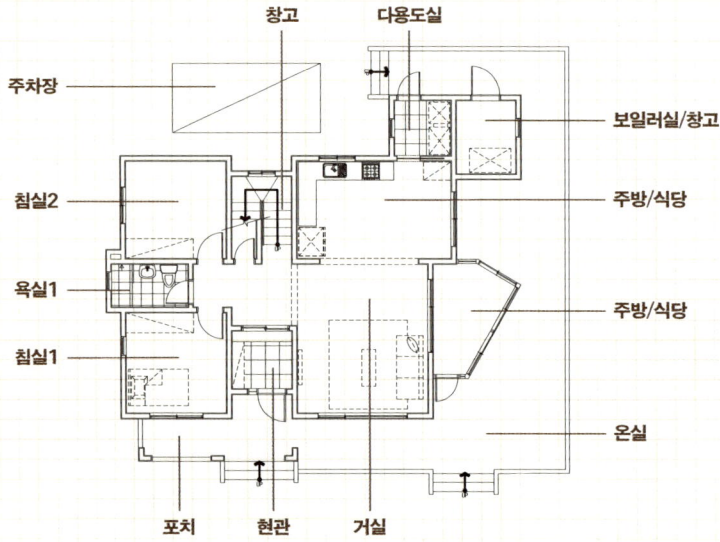

| 2층 |

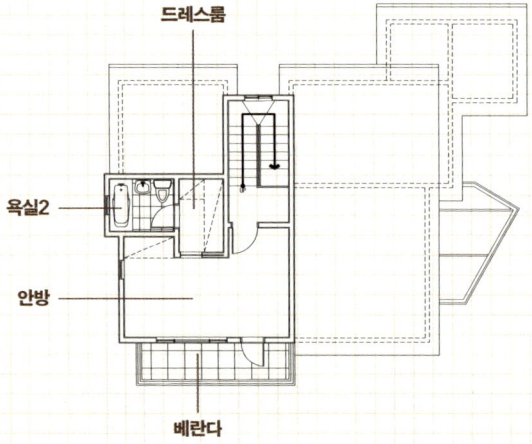

사용 자재 내역

공법	기초-줄기초+매트기초
	지상-ALC블럭구조
지붕재	아스팔트싱글
단열재	내단열-인슐레이션R19
	외단열-스티로폼
외벽마감재	스타코플렉스, 파벽돌
창호재	미국식 시스템 창호
내벽마감재	실크벽지
바닥재	강화마루
시공 소요 기간	설계 2개월 / 시공 3개월
특이사항	주차계획(법정 1대)

시공비 내역 (단위: 원)

기초공사	22,000,000
구조공사	56,810,000
외장공사	39,500,000
지붕공사	10,930,000
내장공사	40,810,000
데크공사	10,930,000
욕실공사	7,810,000
창호공사	14,580,000
설비공사	10,930,000
전기공사	9,997,000
총공사합계	224,297,000
평당 단가(VAT 포함)	4,806,021

| '3D 설계도'로 먼저 체험하는 콘셉트 하우스 | 류명이 제안하는 라이프스타일 맞춤 설계 ❹ |

따로 또 같이 산다는 것의 즐거움

▍건축개요 ▍

연면적 — 325.16m² (98.36평)
1층 — 178.88m² (54.11평)
2층 — 146.28m² (44.25평)

구조 — 철근콘크리트구조
지붕마감재 — 송판노출콘크리트, 리얼징크
외부마감재 — 송판노출콘크리트, 스타코플렉스

▍형제, 자매, 친구 사이를 위한 쉐어하우스 ▍

- 형제, 자매, 친한 친구 사이에 일정 부분 같은 공간을 공유하며 자연스럽게 커뮤니티를 형성하기 위한 2가구 주택을 제안합니다.
- 11자형 설계 배치를 통해 창의 활용도를 높이고, 중앙 가변형 공간의 앞과 뒤를 테라스 및 주차장으로 공유함으로써 공간 활용을 극대화하였습니다.
- 1 대 1 대칭을 이루는 두 개 동의 배치와 외장재의 징크 포인트가 절묘한 조화를 이루어 무게감과 안정감을 동시에 전해줍니다.
- 전면부 1층과 2층의 전창을 통해 실내에 유입되는 빛의 양을 늘리고, 특히 2층에는 베란다를 설치하여 휴양지의 고급 펜션에 온 듯한 느낌을 살렸습니다.

이웃하고 살아갈 소울메이트

말 그대로 "따로 또 같이" 개념의 주택이다. 1층 주방/2층 베란다를 각각 공유하는 구조이지만 개인적인 사정이 있거나 밤이 되면 언제든지 가벽을 설치해 프라이버시를 보장받을 수 있도록 했다.

언제나 밝은 실내를 유지하다

2층의 전창을 통해 방으로 들어오는 햇살이 실내를 늘 밝은 상태로 유지시켜준다. 큰 창을 열면 상쾌한 바람이 불어와 실내를 더욱 쾌적하게 만들어준다.

균형 잡힌 창호 배치와 효율성 제고

눈에 잘 띄지 않는 배면은 정갈하게 스타코플렉스로 마감하고 단열을 고려해 꼭 필요한 곳에만 작은 창을 냈다. 비용 대비 효율성을 높이는 첫걸음.

아늑한 거실, 부부만의 카페

오픈 천장을 배제했기 때문에 오히려 거실은 더욱 아늑하다. 테라스로 나서면 2층 베란다가 적당한 그늘을 만들어준다. 이곳에서 부부만의 오붓한 시간을 즐길 수 있을 것이다.

소통과 배려의 시간을 만들어주는 장소
가변형 공간에 자리 잡은 주방은 이웃과 가장 많은 대화가 이루어지는 공간이다. 언제든지 함께 음식을 만들고 나누고, 즐길 수 있다. 그렇게 서로 이웃이 된다.

버릴 곳 없는 공간 구성의 묘
일반적으로 계단 아래 공간은 창고로 사용되곤 한다. 하지만 이 주택은 서재, 갤러리 등 건축주의 취향에 맞게 디자인할 수 있는 공간으로 살아났다.

침실의 기능을 재정의하다
1층 거실과 비슷한 크기의 2층 침실은 커다란 창과 넓은 공간으로 인해 취침만을 위한 기능적 한계를 넘어선다. TV를 보든 책을 읽든 침실은 당신만을 위한 힐링의 공간이 된다.

바닥에 떨어지는 밤하늘의 별
2층 방과 방 사이를 연결하는 복도에서 하늘이 보인다. 어두운 밤하늘의 별빛이 실내를 좀 더 운치 있게 변화시킬 것이다.

혼자 있어도 따분하지 않은 곳
욕실은 가장 개인적인 공간이다. 하지만 비 오는 날 욕조에 몸을 담그면 세로로 난 작은 창 위로 빗방울들이 말을 건넬 것이다. 이 집에선 따분할 틈이 없다.

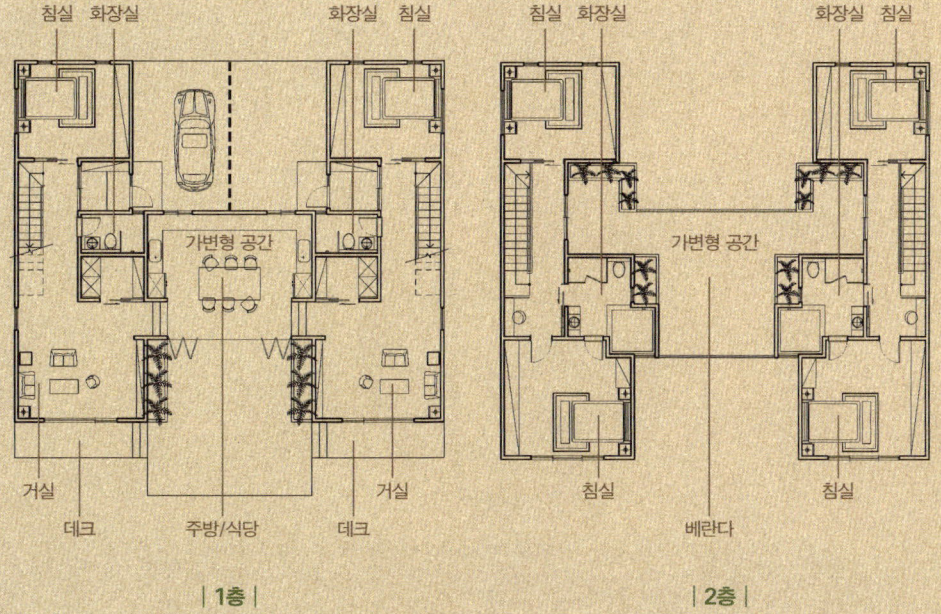

| 1층 | | 2층 |

| 평면도 쉽게 보기 |

- 생활 공간의 유연한 통합과 분리: ㅁㅁ자형 배치를 통해 각 세대의 생활 공간이 충분히 독립적으로 유지될 수 있도록 했다. 대신 주방과 식당(1층), 베란다(2층) 공간을 각각 공유함으로써 공유 공간의 활용도 또한 극대화했다.
- 1층 테라스의 높은 활용도: 함께 사는 가족들과 주방에 모여 각자 좋아하는 음식을 만들고, 테라스로 나와 식사를 하는 모습은 상상만 해도 행복하다. 너무나도 일상적이어서 때로는 귀찮기까지 했던 식사 시간이 매일 기다려질지도 모른다.
- 프라이버시를 고려한 가변성: 처음엔 모든 것이 서로에게 불편할 수도 있다. 그렇다면 언제든지 가벽을 설치해 공간을 분리할 수 있다. 다만 너무 오랜 단절은 이 주택의 본래 목적에서 벗어나는 것임을 잊지 말자.
- 레이아웃: 상황에 따라 주방과 거실을 변경할 수 있다. 주방을 공유 공간으로 두거나 거실을 공유 공간으로 두어 라이프스타일에 맞게 생활할 수 있다.

9

HOME PROJECT

에너지와 공간의 효율을 사로잡다

가족 모두가 함께 무언가를 할 수 있도록 각 공간들에 기능과 성격을 부여한 집.
건축주가 전적으로 전문가를 믿고 맡겨 탄생한 주택이기도 하다.
집의 외관도 중요하지만 가족 구성원들의 라이프스타일을 고려해
데드스페이스가 거의 없는 효율적인 구조를 만들었다는 점을 더욱 눈여겨 볼 필요가 있다.

위치	경상북도 칠곡군
지역지구	계획관리지역
대지면적	790.00m² (238.97평)
건축면적	170.49m² (51.57평)
연면적	170.49m² **(51.57평)**
지상1층	170.49m² (51.57평)
구조	**일반목구조**

"별 거 없고, 부인하고 노후를 보낼 만한 편안한 집이면 되는 기라."

경북 칠곡의 한적한 시골마을에 새로 조성된 부지는 특이하게도 언덕 경사면에 위치해 있었다. 집이 들어설 대지 뒤로 3~4채의 집이 이미 완공되어 있었다. 연세가 지긋한 건축주는 형편에 여유가 생기자 지금 살고 있는 단독주택보다 더 좋은 집에서 살고 싶다고 했다. 건축주가 말한 좋은 집이란 다른 아닌 단열과 난방이 확실한 집이었다.

외부를 보면 경사진 도로지만 단지 조성이 잘되어 있어서 필지마다 구획 정리가 확실하다. 하지만 인접 도로보다 대지가 더 낮다는 단점이 한눈에 들어왔다. 필로티를 통해 집을 전체적으로 높여야 했다.

집짓기 IQ | 그림으로 쉽게 이해하는 각 부의 명칭

필로티가 있는 단층 건물로 하는 대신 답답함을 해소하기 위해 거실만 상부를 높여 오픈 천장으로 시공했다. 밝은 화이트 톤을 전면에 내세워 공간감을 확장했고 가구 색깔도 이에 맞추었다. 바닥은 진한 원목마루로 색감을 대비시켰다.

일자형 주택의 밋밋함을 보완하기 위해 거실을 팔각형 모양으로 설계해 포인트를 만들었다. 매립식 벽난로는 공간을 절약하는 데 효과적이다. 남향의 빛을 한껏 받을 수 있도록 거실 창을 위 아래로 나누어 설치했다. 단순히 창을 크게 하는 것보다 단열 효과가 좋고, 비용도 절감할 수 있다. 빛이 나뉘어 실내로 들어와 떨어지는 그림자도 멋지다.

단층을 선호하는 건축주의 가장 큰 고민은 외관이 너무 낮아 보인다는 것인데, 이럴 경우 이 집처럼 거실 상부만 높이면 2층집에 비해 시공비는 줄이고 왜소해 보이는 단점도 보완할 수 있다. 또한 단층집은 거실, 서재, 주방, 복도 등 각각의 기능과 느낌에 따라 층고를 달리할 수 있다는 장점도 있다.

밝고 깨끗한 거실 분위기에 맞춰 대리석과 에코카라트로 마감한 아트월 디자인. 기본에 충실한 브래킷 조명이 은은하고 안정적인 분위기를 연출한다.

난방은 화목보일러와 기름보일러를 병행하여 사용한다. 수년 전부터 연구 개발해온 화목보일러는 거의 완성 단계에 접어들어 하자가 많이 줄었고, 고유가 시대에 적합한 대안으로 각광받고 있는 추세. 두 종류의 보일러를 병용하면 각각의 장점을 취해 연료비를 많이 줄일 수 있다. 기름을 거의 쓰지 않고도 집 안을 온기로 데울 수 있다.

해당 지자체의 지원을 받아 태양광 모듈을 설치한 것도 한몫했다. 지자체의 지원이 없다면 권장하지 않지만, 지원만 된다면 에너지 활용과 절약에 매우 효율적이다.

Tip! 태양광, 태양열, 지열, 소형풍력, 연료전지 등의 신재생에너지설비를 주택에 설치할 경우 설치비의 일부를 정부가 보조지원하는 사업 내용과 신청에 대한 정보는 에너지관리공단의 '그린홈' 홈페이지에서 더 자세히 살펴볼 수 있습니다. http://greenhome.kemco.or.kr/

화목보일러와 기름보일러의 병행 사용.
여기에 지자체의 지원을 받아 설치한 태양광 모듈.
이런 조합으로 에너지 효율을
최대한 끌어올리는 집이 될 수 있었다.

넓은 평수다 보니 아내 분도 주방을 넓고 독립된 자기만의 공간으로 만들고 싶어 했다. 주방과 식당도 완전히 분리해 정말 넓게 만들었다. ㄱ자가 아닌 ㄷ자 형태의 주방가구 배치로 요리를 하면서 식당을 바라볼 수도 있다.

집 전체가 一자 형태다 보니 식당에도 볕이 잘 든다. 식사를 하면서 바깥을 내다볼 수 있도록 했다.

널찍한 주방 뒤의 숨은 공간. 넓은 다용도실은 창고로도 활용된다.
큰 야채를 다듬거나 냄새가 강한 음식을 조리할 때 유용하다.

골프가 취미인 건축주의 요구대로 스크린 골프를 칠 수 있는 공간도 마련했다. 하지만 단순히 골프만 치기 위한 공간이라기보다는 손님들과 함께 여가를 즐기는 공간이다.
또 스크린에 영화를 띄우면 세상에서 가장 안락한 부부 전용 영화관이 되기도, 노래방 화면을 띄우면 가족 친지들이 모여 즐기는 노래방이 되기도 한다.

가족 구성원이 무엇을 원하는지 파악해야 좋은 설계도 가능하다. 이 집은 가족 모두가 함께 무언가를 할 수 있도록 각 공간들에 기능과 성격을 부여했다. 건축주가 전적으로 전문가를 믿고 맡겨 탄생한 주택이기도 하다. 집의 외관도 중요하지만 가족 구성원들의 라이프스타일을 고려해 데드스페이스가 거의 없는 효율적인 구조를 만들었다는 점을 더욱 눈여겨볼 필요가 있다. 특히 필로티의 필요성에 대해서 처음에는 건축주를 설득해야 하는 어려움이 있었지만 결과적으로 외관이나 인테리어 모든 측면에서 만족스런 결과를 얻어낸 집이다.

● 지형 요소, 접근성	★★★★
● 인테리어, 익스테리어	★★★★☆
● 내외부 공간 활용도	★★★
● 비용 대비 완성도	★★★☆
● 총점	★★★★

평면도

| 1층 |

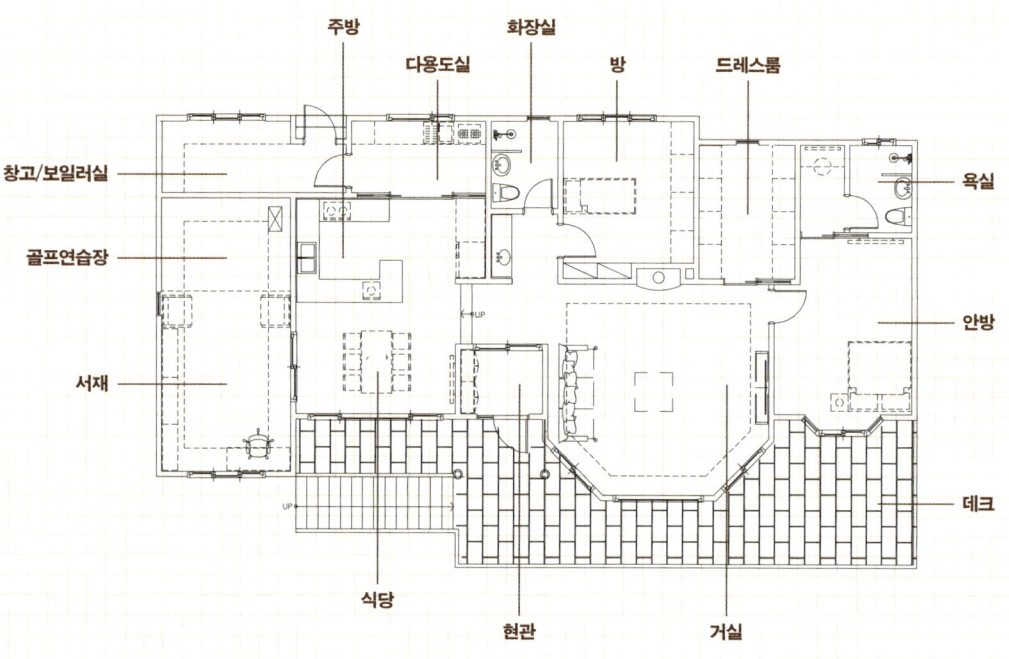

사용 자재 내역

공법	기초-줄기초+매트기초
	지상-미국식 2×6공법
지붕재	기와
단열재	내단열-인슐레이션R19
	외단열-스티로폼
외벽마감재	파벽돌, 인조석, 화산석
창호재	미국식 시스템 창호
내벽마감재	실크벽지
바닥재	원목마루
시공 소요 기간	설계 2개월 / 시공 3개월
특이사항	주차계획(법정 1대)

시공비 내역 (단위: 원)

기초공사	27,560,000
구조공사	69,436,000
외장공사	57,562,000
지붕공사	29,680,000
내장공사	60,150,000
데크공사	17,180,000
욕실공사	10,900,000
창호공사	16,110,000
설비공사	12,080,000
전기공사	10,470,000
총공사합계	311,128,000
평당 단가(VAT 포함)	6,033,120

10
HOME PROJECT

임대 소득을 생각한 세대 분리 주택 설계

이 집은 1층과 2층의 동선이 어긋나 있고, 각기 다른 기능을 가진 공간이 상하로 배치되어 있다.
즉 거실 위에 침실이, 보일러실과 다용도실 위에 안방이 있다.
2층에서 주로 움직임이 많은 공간과 1층에서 움직임이 적은 공간을 위아래로 구성했다.
임대 세대에 대한 건축주의 소소한 배려가 있었기에 이런 설계가 나올 수 있었다.

위치	경기도 양평군
지역지구	계획관리지역
대지면적	810.00m² (245.02평)
건축면적	119.43m² (36.12평)
연면적	182.63m² **(55.24평)**
지상1층	119.43m² (36.12평)
지상2층	63.20m² (19.11평)
구조	**일반목구조**

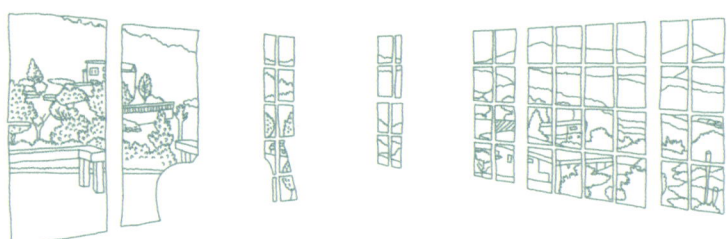

이번이 세 번째라고 했다. 남들은 평생 한 번 지을까 말까 한 집을 이 건축주는 이번이 세 번째 짓는 집이라고 했다.

당연히 집에 대한 생각이 남다를 수밖에 없었다. 이번에는 2층에 전세를 내줄 예정이었기 때문에 서로 프라이버시를 침해하지 않도록 설계하는 데 심혈을 기울였다. "남과 한 집에 살려면 아주 사소한 것도 배려한 설계가 되어야죠."

건축주는 노후를 보낼 자신의 마지막 집으로 2층 45평 규모의 철근콘크리트 집을 짓고 싶다고 했다. 별다른 이유가 있어서라기보다는 지금까지 철근콘크리트 구조의 집에서만 살아왔고, 목조주택에 대해서는 잘 알지 못한다는 이유도 있었다. 나는 목조주택의 우수성에 대해 설명해드렸다. 수명과 단열 등에서 우수하며, 같은 예산으로 10평이 더 넓은 54평으로 규모를 넓힐 수 있다는 점 등을 강조했다. 결국 건축주도 이 제안을 흔쾌히 받아들여 목조주택으로 짓게 되었다.

이 집은 1층은 부부가 생활하고 2층은 임대(전세)를 줄 예정이었기 때문에 두 가구가 서로 프라이버시를 침해하지 않도록 설계하는 데 주안점을 두었다. 그래서 첫 번째로 1층 현관문을 열면 바로 2층으로 올라갈 수 있도록 계단을 만들었다. 한편 집 뒤편에 만들어진 데크에서는 임대 세대와 함께 바비큐 파티를 즐기고 싶다는 건축주의 의견도 반영했다.

1층 현관을 열면 2층으로 오르는 계단이 바로 나온다. 세입자의 프라이버시를 존중해주려는 건축주의 배려를 짐작할 수 있다.

ㄱ자 형태 집의 장점은 빛을 집 안으로 더 많이 끌어올 수 있다는 것이다. 여러 군데서 들어오는 햇빛이 집을 더 밝게, 활기찬 분위기로 만들어준다. 또한 채광만으로 실내온도가 유지될 수 있기 때문에 난방비도 그만큼 절약된다. 상대적으로 단열이 중요한 위치였기 때문에 해가 덜 드는 북쪽과 서쪽 외벽에는 추가로 단열재를 시공했다.

주방은 단아하고 담백한 분위기가 물씬 풍긴다. 거실로 들어온 빛이 주방까지 닿아 조명을 따로 켜지 않아도 늘 밝고 따스한 느낌을 받을 수 있다. 가구 역시 밝은 톤으로 조화를 이루었으며 가구에 섞인 브라운 계열의 색감이 안정감을 준다.

나란히 배치한 한옥 문살 직부 조명은 평범한 복도에 포인트가 되어주며 공간이 좀 더 깊어 보이는 효과를 준다.

한지를 붙여 전통미를 표현한 조명과 중후한 느낌의 안락한 소파가 놓인 거실. 부부가 함께 앉아 멋진 풍광을 느끼기에 충분하다. 간결미와 전통미로 구현한 한옥 스타일이 모던한 가구, 손때 묻은 오브제 등으로 구성한 현대식 주거 스타일과 멋진 조화를 이룬다.

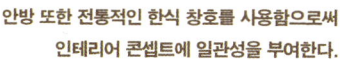

안방 또한 전통적인 한식 창호를 사용함으로써 인테리어 콘셉트에 일관성을 부여한다.

임대 세대 때문에 2층을 활용하지 못하는 아쉬움을 보완하기 위해 서재 위로 다락방을 만들었다. 사다리를 타고 올라가면 이따금씩 들르는 손주들을 위한 비밀의 공간이 된다. 구름무늬 벽지와 하늘을 향해 작게 뚫린 창이 아이들에게 상상력을 불러일으킬 것이다.

2층 복도와 거실, 주방 세대분리 구조로 설계된 2층은 약 20평의 공간이며, 복도를 중심으로 좌측으로 방과 욕실, 우측으로 거실 겸 주방, 큰방을 배치했다. 집 구조의 장점을 활용해 2층에서도 탁 트인 전망을 감상할 수 있도록 창을 냈다.
세입자를 배려해 2층은 모던한 느낌을 지향했다. 주방가구는 화이트 톤으로 깔끔한 분위기를, 웜 그레이 컬러 타일이 포인트 역할을 한다.

2층 거실과 안방. 대지가 높은 곳에 위해 있어 2층 어디서든 탁 트인 경치를 감상할 수 있도록 창을 많이 냈다.
건축주의 임대 세대에 대한 배려가 창의 개수에서 느껴질 만큼.

이 집의 설계도를 유심히 보면 1층과 2층의 동선이 어긋나 있고, 각기 다른 기능을 가진 공간이 상하로 배치되어 있는 것을 알 수 있다. 즉 거실 위에 침실이, 보일러실과 다용도실 위에 안방이 있는 모양이다. 2층에서 주로 움직임이 많은 공간과 1층에서 움직임이 적은 공간을 위아래로 구성했다.

임대 세대에 대한 건축주의 소소한 배려가 없었다면 실제로 이렇게 효율적인 설계도 불가능했을 것이다. 이런 아이디어는 건축주 부부가 임차인과 함께 생활하는 데도 큰 지장을 받지 않는다. 뿐만 아니라 대지의 형태를 최대한 이용해 빛을 끌어들이고 추가적인 단열 시공을 한 것은 이 집에서 가장 눈여겨봐야 할 지점이다.

- ● 지형 요소, 접근성 ★★★★
- ● 인테리어, 익스테리어 ★★★
- ● 내외부 공간 활용도 ★★★★
- ● 비용 대비 완성도 ★★★☆
- ● 총점 ★★★☆

평면도

1층

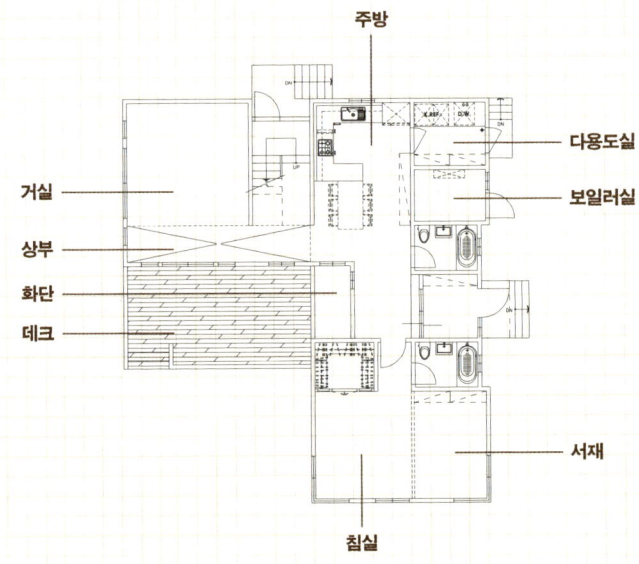

- 주방
- 다용도실
- 보일러실
- 거실
- 상부
- 화단
- 데크
- 서재
- 침실

2층

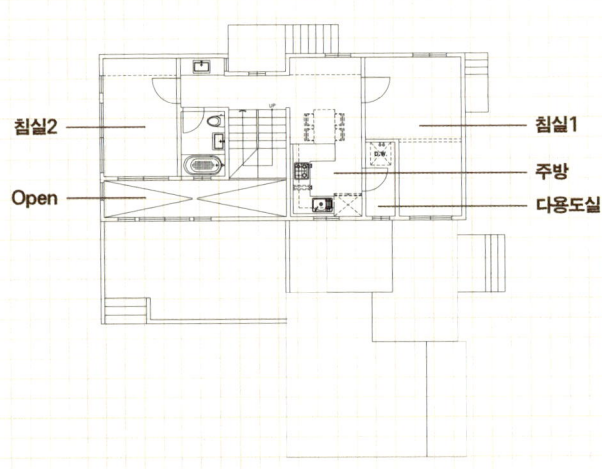

- 침실2
- 침실1
- Open
- 주방
- 다용도실

사용 자재 내역

공법	기초-매트기초
	지상-미국식 2×6공법
지붕재	아스팔트싱글
단열재	내단열-인슐레이션R19
	외단열-스티로폼
외벽마감재	스타코플렉스, 파벽돌
창호재	미국식 시스템 창호
내벽마감재	실크벽지
바닥재	강화마루
시공 소요 기간	설계 2개월 / 시공 3개월
특이사항	주차계획(법정 1대)

시공비 내역 (단위: 원)

기초공사	17,380,000
구조공사	59,250,000
외장공사	50,844,000
지붕공사	15,318,000
내장공사	49,910,000
데크공사	10,630,000
욕실공사	12,910,000
창호공사	18,160,000
설비공사	13,620,000
전기공사	11,800,000
총공사합계	**259,822,000**
평당 단가(VAT 포함)	**4,703,512**

| '3D 설계도'로 먼저 체험하는 콘셉트 하우스 | 류명이 제안하는 라이프스타일 맞춤 설계 ❺ |

불편한 동거에서 아름다운 동거로

｜ 건축개요 ｜

연면적 — 101.06㎡ (30.58평)
1층 — 70.39㎡ (21.30평)
2층 — 30.67㎡ (9.28평)

구조 — 일반목구조
지붕마감재 — 리얼징크
외부마감재 — 스타코플렉스

｜ 20대 자녀를 둔 가족을 위한 주택 ｜

- 학교 혹은 직장을 다니는 자녀와 부모의 각기 다른 라이프스타일을 배려한 주택을 제안합니다.
- 정사각형 설계 배치를 통해 데드스페이스를 최소화하고 콤팩트한 디자인이 인상적인 주택입니다. 모던하면서도 깔끔한 입면 디자인과 징크, 적삼목이 조화를 이루어 가족 간의 친밀함을 드러내려 했습니다.
- 하루 중 대부분의 시간을 외부에서 보내는 자녀에게는 꼭 필요한 공간(침실, 드레스룸, 욕실)만을 제공하되 이 주택의 가장 큰 특징이자 장점에 해당하는 널찍한 2층 다락방을 혼자만의 공간으로 사용할 수 있도록 배려했습니다.
- 2층의 다락방은 가족실이나 거실 대신 배치된 것으로 전체적인 비용을 낮출 뿐만 아니라 집의 효율성을 높여줍니다.

정갈하고 무게감 있는 디자인

우리나라 자녀의 독립 시기는 평균 20대 후반. 자녀의 20대를 함께 보낼 집이 고민이라면 여기에 유력한 선택지가 있다. 일반적인 주택의 형태를 탈피하여 비대칭으로 집 전체를 감싸 안은 징크. 정갈함과 묵직한 느낌이 동시에 전달된다.

첫 번째도 채광, 두 번째도 채광

거실의 전면부와 측면부에 설치된 큰 창을 통해 하루 중 많은 시간을 밝은 실내에서 지낼 수 있도록 했다. 주말에는 창을 열고 테라스로 나가 낮잠을 즐기자.

경제적으로 잘 짓는다는 것

배면에 많은 비용을 부담하는 것은 어리석은 짓이다. 반드시 필요한 창과 단순한 외장재면 족하다. 당신이 원하는 싸고 좋은 집은 이렇게 탄생한다.

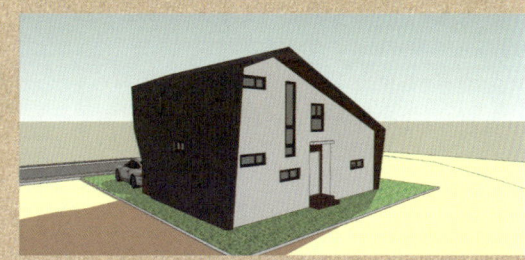

작지만 넓은 집처럼 살고 싶다면

거실과 주방 사이를 구분해주는 별도의 가벽 없이 공간 전체를 하나로 구성. 이로써 넓지 않은 평수임에도 생각보다 넓은 공간을 느낄 수 있다.

데드스페이스의 유쾌한 활용
계단 하부에 데드스페이스가 불가피했기 때문에 불필요한 물건들을 보관할 수 있는 창고를 배치했다. 잡동사니는 모두 이곳에 보관한다.

혼자 쓰는 욕실
2층의 욕실은 자녀가 혼자서만 쓴다. 시간에 구애받지 않고 사용할 수 있다는 것, 무엇보다 느긋하게 눈치 보지 않고 쓸 수 있다는 데 큰 매력을 느낄 것이다.

어둡지도 답답하지도 않은 다락방
일반적인 주택의 다락을 생각한다면 큰 오산이다. 큰 창을 통해 채광량을 늘리고 높이도 충분해 자녀의 개인적인 여가생활을 보장해주기에 충분하다.

스트레스 해소와 힐링의 공간
사회생활을 하고 있는 자녀에겐 부모에게도 말 못할 스트레스가 적지 않을 것이다. 이 다락방이 자녀들에게 기운을 불어넣고 힐링을 제공하는 공간이 되길 바란다.

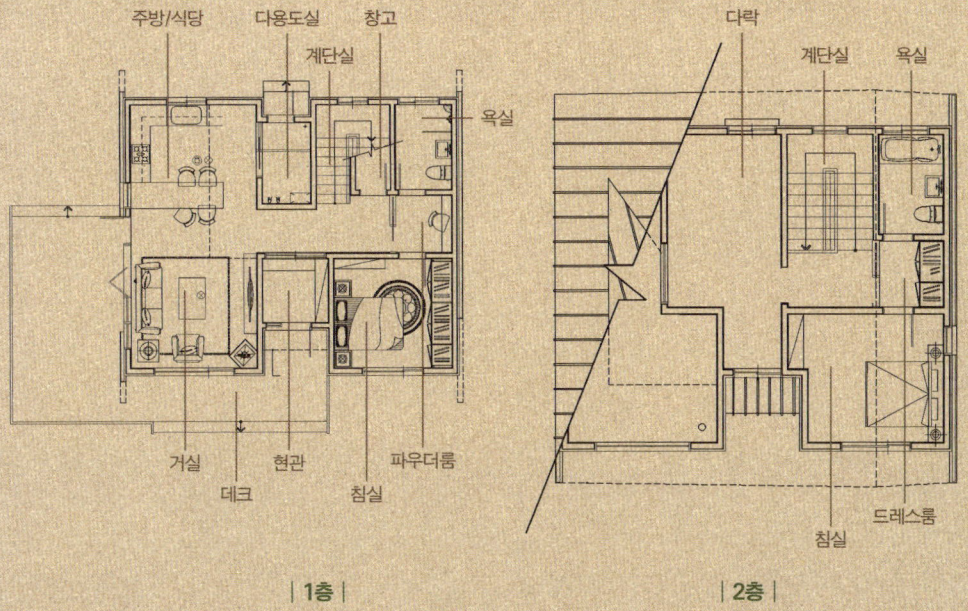

| 평면도 쉽게 보기 |

- **1층 부부와 가족 모두를 위한 공간**
  - 좌측의 공용 공간과 우측의 공용 공간을 분리하여 거실에서 남편이 스포츠 중계를 시청하더라도 아내는 방해받지 않고 방에서 사색을 즐길 수 있다.
  - 주방과 식당, 거실이 하나의 공간으로 배치되어 있기 때문에 트인 시야를 제공하며 공간의 효율성 또한 극대화된다.
- **2층 직장인 자녀를 위한 공간**
  - 현관을 통해 집 안으로 들어서면 바로 앞에 계단이 놓여 있다. 자녀가 누구의 간섭도 받지 않고 자기만의 공간으로 갈 수 있도록 배려한 것이다.
  - 침실, 드레스룸, 욕실을 갖춘 2층에서는 1층에 내려가지 않아도 큰 불편함을 느끼지 않는다. 다락방은 자녀가 독립적으로 활용하는 공간으로 혼자만의 생활을 보장해준다.

11

HOME PROJECT

밤하늘의 별빛까지 품은 모던 힐링 주택

건축사는 건축주의 라이프스타일을 배우고 이해함으로써 그것을 평면 위에 더 잘 나타낼 수 있다.
이러한 노력이 있어야 건축주의 삶과 유기적으로 연결된 집이 탄생된다.
남다른 감성이 듬뿍 담긴 이 주택은 패션디자이너가 직업인 건축주의 삶을 설계자가 충분히 이해하고
건축주 역시 주택 곳곳에 자기만의 스타일을 적극적으로 부여해서 탄생한 집이다.

위치	경기도 양평군
지역지구	보전관리지역, 자연보전권역, 배출시설설치제한구역, 수질보전특별대책지역(2권역)
대지면적	835.00m² (252.58평)
건축면적	157.88m² (47.75평)
연면적	255.72m² **(77.35평)**
지상1층	152.68m² (46.18평)
지상2층	103.04m² (31.16평)
구조	**철근콘크리트구조**

"앞으로 평생 저와 제 아내가 함께 살 집인데, 다른 집들과 비슷한 형태의 경사 지붕과 작은 창들로만 이루어진 집으로 짓고 싶지는 않아요. 우리 부부만의 우리 부부만을 위한, 그런 집이 되면 좋겠어요."

건축주 부부와 처음 만난 자리에서 가장 인상 깊었던 말이었다. 이런 의지를 바탕으로 건축주가 설계에 반영하고자 했던 핵심적인 요구사항은 두 가지였다.

첫째, 가까이 있는 자연을 좀 더 많이 담을 수 있는 거실.

둘째, 화이트 톤의 군더더기 없는 깔끔한 집.

두 가지 핵심 사항을 염두에 두고 시작된 설계는 패션디자이너인 건축주의 개성이 최대한 반영될 수 있는 방향으로 진행되었다. 핵심 콘셉트는 모던하면서도 자연과 어울릴 수 있는 '젊은 감각의 힐링 주택'이었다.

화이트 톤의 인테리어와 자연이 어우러진 빛의 공간….
거실은 이 집에서 가장 돋보이는 공간이다. 통유리창을 통해 거실을 가득 채운 빛은 실내를 더욱 밝게, 온기 가득한 따뜻함을 더해준다.
외부 마감재로 쓰인 백색 파벽돌을 거실 아트월에도 사용해 외관과 내부의 이질감을 줄였다. 모던 화이트 테마는 자칫 잘못하면 밋밋한 느낌을 줄 수도 있지만 질감이 뚜렷한 자재들의 조화로운 배치로 공간의 볼륨감과 입체감을 살릴 수 있다.

3중 유리의 넓은 창은 단열효과를 높이는 동시에 자연을 내부로 유입시키는 큰 액자 역할을 한다.
안과 밖의 통일성 있는 마감재가 세련된 공간을 만들었다.

높은 천장에서 늘어뜨린 와이어 망 소재의 조명은 은은한 분위기를 연출함과 동시에 높은 공간에 시각적인 효과를 준다. 낮에는 2층까지 오픈된 높은 천장과 전면 통창이 자연 채광을 풍부하게 받아들이고, 밤에는 무심한 듯 떨어뜨린 펜던트 조명이 넓은 거실 공간을 은은하면서도 아기자기한 공간으로 탈바꿈시킨다.

거실에 앉아서 이런
파란 하늘을 올려다볼 수 있다니,
이런 게 바로
내 집을 짓는 사람들만
누릴 수 있는 행복 아니겠어?

소통과 기능의 공간, 오픈주방. 주방은 거실과 단차를 두어 공간적으로 연결은 되었으나 하나의 독립된 공간으로 분리시켰다. 거실과 마찬가지로 넓은 폴딩 도어를 설치해 빛을 최대한 가져올 수 있게 했다. 폴딩 도어를 열면 바로 정원과 이어져 자연스럽게 외부와 소통이 가능하다. 폴딩 도어는 때로는 밝은 햇살과 함께 때로는 아름다운 달빛과 함께 요리를 가능케 하고 마치 노천카페에 있는 것처럼 여유로운 식사를 할 수 있다.

아일랜드 식탁은 수납공간을 과감히 개방해 작업대로도 사용할 수 있다. 맞춤 제작한 주방가구와 빌트인 가구들도 주방의 편리성을 높이고 공간적 효율성을 높였다. 가구조차도 기성품을 사용하지 않고 건축주가 직접 디자인에 참여함으로써 자신만의 주방가구를 완성할 수 있었다.

주방 벽면의 키 큰 장은 수납공간의 사이즈나 높낮이를 다르게 제작한 것이다. 화이트 하이그로시 장의 다채로운 비율을 통해 재미를 느낄 수 있다. 식탁 위의 동일한 원형 펜던트는 식당에 리듬감을 부여한다.

디자이너인 건축주 부부에게 작업실은 꼭 필요하면서도 중요한 공간이었다. 거실이 내려다보이는 2층에 위치한 작업실은 1층의 인테리어와 맞추어 역시 화이트 톤의 심플하고 절제된 공간으로 구성되었다. 화이트 벽채에 옐로우 톤의 간접 등을 설치하여 자칫 딱딱해질 수 있는 작업실 분위기에서 벗어나 온화한 집안의 분위기와 어우러지게 조성했다. 곳곳에 배치된 건축주의 작품들과 소가구들이 마치 작은 갤러리 같은 느낌을 준다.

거실이 내려다보이는 2층 창가에 위치한 작업실. 건축주의 작품과 작업에 쓰이는 소품들이 마치 작은 갤러리 같다.

이 주택의 방들은 모두 벽에서 천장을 타고 이어진 ㄱ자 형태의 '하늘을 향한 창'을 가지고 있다. 이 창 아래서는 눈부신 햇살 아래 놓인 구름도, 어두운 밤하늘을 수놓은 별들도 관찰할 수 있다. '하늘을 향한 창'은 투박하게 내리는 빗소리도 아름다운 음악으로 변하게 할 것이다.

다락으로 올라가는 계단은 수직적 이동통로의 단순한 설계의 틀에서 벗어났다. 불규칙하게 배열하여 마치 비밀스러운 공간을 탐험하는 통로처럼 재미있는 요소를 더했다. 다락방의 계단조차도 통상적인 디자인이 아닐 만큼 건축주의 직업에서 묻어나오는 세심함이 돋보인다. 벽면의 작은 창은 다락의 어두운 공간 개념을 탈피하여 밝은 쉼의 공간으로 바꾸는 작은 장치가 되었다.

그러니까 건축주의 스타일과
건축사의 노하우가
잘 버무려져야 이렇게
아름다운 집이 탄생할 수
있다는 말이지.

주택이 아파트처럼 공장에서 찍어낸 듯 틀에 박힌 형태가 될 수 없는 이유는 건축주의 집에 대한 철학과 생활양식이 그대로 반영되기 때문이다. 자신이 살게 될 집은 오로지 자신만의 공간이 되어야 한다. 건축주가 설계에 적극적으로 참여해야 한다고 계속 강조하는 것도 바로 그런 이유 때문이다. 설계자에게 모든 것을 맡겨놓고 알아서 좋은 집을 지어주겠거니 생각하면 나중에 분명히 어디선가 불편한 점을 느끼게 될 것이다. 나의 라이프스타일이 무엇인지 고민하고 설계자에게 효과적으로 전달해야 한다. 그러면 설계자는 건축주의 라이프스타일을 배우고 이해함으로써 그것을 평면 위에 더 잘 나타낼 수 있다.

이러한 노력이 있어야 건축주의 삶과 유기적으로 연결된 집이 탄생된다. 건축주의 감성이 듬뿍 담긴 이 주택은 아무리 뛰어난 사람이 설계를 했더라도 절대 탄생할 수 없었을 것이다. 왜냐하면 패션디자이너인 건축주의 삶이 설계에 부족함 없이 반영되었고 주택 곳곳에 건축주가 자기만의 스타일을 적극적으로 부여했기 때문이다. 이처럼 훌륭한 주택은 훌륭한 설계자가 훌륭한 설계를 했을 때가 아닌 설계자가 건축주의 라이프스타일을 이해하고 건축주의 머릿속에 그려져 있는 집을 충실히 구현했을 때 탄생한다.

● 지형 요소, 접근성	★★★★
● 인테리어, 익스테리어	★★★★★
● 내외부 공간 활용도	★★★
● 비용 대비 완성도	★★★★☆
● 총점	★★★★

평면도

1층

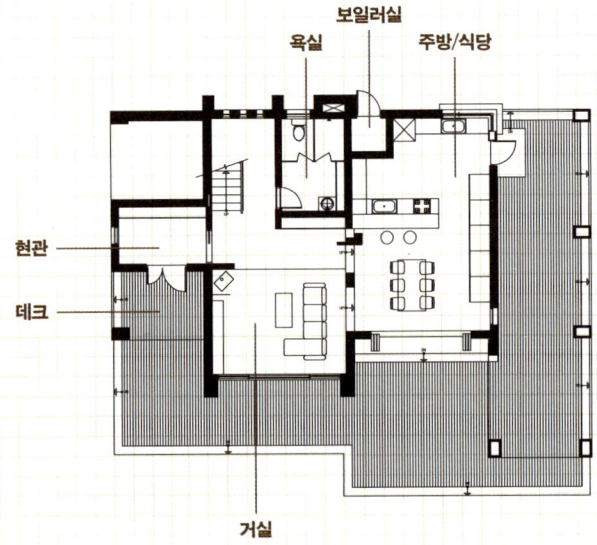

2층

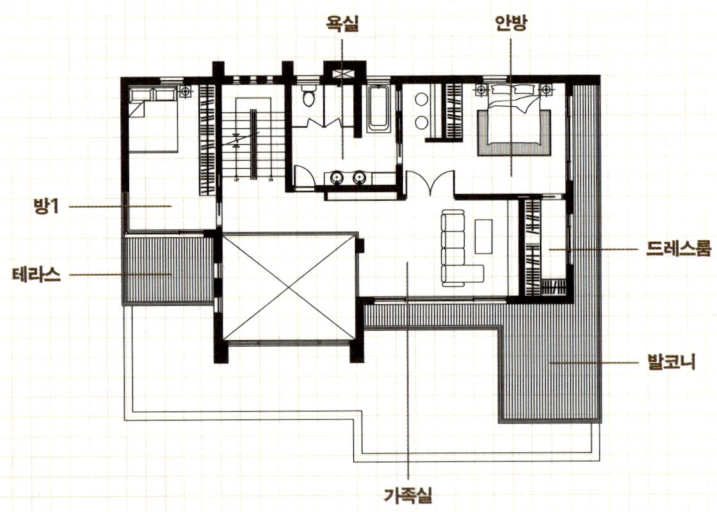

사용 자재 내역

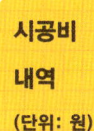

시공비 내역
(단위: 원)

공법	기초-철근콘크리트구조
	지상-철근콘크리트구조
지붕재	액체방수마감
단열재	내단열-스티로폼
	외단열-스티로폼
외벽마감재	스타코, 인조석
창호재	시스템창호(3중 유리)
내벽마감재	VP도장, 실크벽지
바닥재	강화마루
시공 소요 기간	설계 7개월 / 시공 6개월
특이사항	태양열 설치

기초공사	37,224,000
구조공사	132,250,000
외장공사	92,500,000
지붕공사	20,620,000
내장공사	93,870,000
데크공사	28,870,000
욕실공사	13,930,000
창호공사	35,930,000
설비공사	16,950,000
전기공사	15,820,000
총공사합계	**487,964,000**
평당 단가(VAT 포함)	6,308,520

12
HOME PROJECT

고지대를 활용해
산과 강을 담아낸 집

대지가 높은 곳에 자리 잡고 있어 주변이 모두 내려다보이는 땅.
이 산수화 같은 전망을 담아내는 것이 설계의 관건이었다.
높은 지대의 장점을 최대한 살리고자 일반적인 주택들과는 다르게 거실과 안방을 과감히 2층으로 올렸다.
땅의 특성을 이용한 맞춤형 주택, 실용성과 디자인 두 마리 토끼를 다 잡은 집.

위치	경기도 양평군
지역지구	계획관리지역
대지면적	569.00m² (172.12평)
건축면적	109.00m² (32.97평)
연면적	130.49m² **(39.47평)**
지상1층	71.83m² (21.72평)
지상2층	58.66m² (17.74평)
구조	**일반목구조**

건축주의 고민은 양평의 좋은 땅을 구입하고 나서부터 시작됐다. 주택단지임에도 주택단지 같지 않은 멋진 풍경을 살리고 싶은 마음에서였다. 양평 대지를 설명하자면 이렇다. 북쪽으로는 울창한 산이 병풍이 되어주고, 남쪽으로는 남한강과 양지산이 한눈에 들어온다. 도시에서만 살아온 건축주 부부에게 근교의 집이란 언젠가는 짓고 싶은 버킷리스트였고 아주 차근차근 준비해왔다고 했다.

양평 대지는 암석으로 돋운 높은 대지 위에 위치해 있어 주변이 모두 내려다보인다. 그 경치는 말로 표현할 수 없을 정도였다. 이 산수화 같은 전망을 담아내는 것이 설계의 관건이었다. 높은 지대의 장점을 최대한 살리고자 일반적인 주택들과는 다르게 거실과 안방을 과감히 2층에 두었다. 상대적으로 시야가 가로막힌 1층은 주방과 취미실 등을 두었으며 필로티 공간에 야외 테이블을 두어 차를 마실 수 있는 공간으로 활용했다. 결과적으로 1층보다 2층이 넓은 특별한 형태의 주택, 땅의 특성을 이용한 맞춤형 주택, 실용성과 디자인 두 마리 토끼를 다 잡았다.

산중턱에 대지를 다져 만든 집이었기 때문에 올라가는 계단을 그저 그렇게 설계할 수는 없었다. 토목부터 조경까지 대지를 최대한 활용하여 진행했다. 집으로 올라가는 계단은 이 주택의 대표적인 포인트.

1층 포치 2층 외관을 따라 설계된 테라스는 1층 외부의 지붕 역할을 한다. 비를 피할 수 있고 야외 풍경을 실내가 아닌 실외에서 볼 수 있도록 해주는 멋진 공간이다. 이 테라스로 인해 1층은 자연스럽게 포치가 형성되었고 자칫 밋밋할 수 있는 모던 주택에 실용성을 겸비한 멋진 포인트가 만들어졌다.

2층 테라스와 거실 양지산과 남한강이 한눈에 내려다보이는 뷰를 살리기 위해 거실을 2층에 배치했다. 또한 ㄱ자 창을 통해 시야의 각을 최대한 확보했다. 문을 열고 베란다로 나가면 황홀한 풍경이 온몸을 사로잡는다.

자연경관이 한눈에 펼쳐지는 2층에는 창이 많다. 창을 통해서 들어오는 자연 채광이 집안을 더욱 따뜻하게 데워준다.

ㄱ자 모양의 2층 코너에 자리 잡은 거실은 탁 트인 경치를 담기에 적합하도록 인테리어도 최대한 간결하고 담백한 분위기를 지향했다.

간단한 요리를 할 수 있는 2층 홈바는 거실에서 풍경을 감상하며 와인을 한 병 꺼내 오붓한 대화를 나누기에 더없이 좋을 것이다. 전반적으로 밝은 톤의 인테리어는 ㄱ자 창에서 들어오는 햇살과 어우러져 휴양지에 온 듯한 느낌을 준다.
대신 홈바는 화이트 컬러의 거실 공간과 대비해 진한 월넛 컬러로 포인트를 줬다. 유리와 자연석을 혼용한 타일 장식은 고급스러움을 살리고 조명기구, 아일랜드 가구와 진열장 역시 공간에 맞춰 디자인해 거실과 조화를 이룬다.

생동감과 웅장함이 흐르는 계단실. 세로로 길게 자리 잡은 창과 수직의 긴 원형 기둥으로 설치된 펜던트는 밋밋할 수 있는 공간에 볼륨감과 생기를 부여한다. 계단실 벽면에는 건축주의 작품을 배치해 공간의 멋을 살렸다. 1층에서 2층으로 오르는 동선만 책임지는 것이 아니라 하나의 갤러리 공간이 된 셈이다.

계단을 어디에 배치하느냐에 따라 이렇게 벽면을 활용한 다양한 연출도 가능해질 수 있는 거겠지?

2층에 거실과 안방이 있긴 하지만 주방과 식당은 아무래도 1층에 있는 것이 훨씬 안정적이다.
문만 열면 필로티와 통하도록 해서 불필요한 동선을 줄일 수 있다.

주방과 거실이 붙어 있어야 한다는 공식은 이 집에서 만큼은 예외다. 2층 거실 옆에 홈바를 겸한 조리대가 설치되어 있기 때문에 1층 주방은 문만 열면 필로티와 바로 통하도록 설계했다. 추운 겨울이 아니라면 주방에서 내오는 음식을 바로 야외 테이블에 올려 자연과 함께 식사를 즐길 수 있다.

건축주는 마당에서 잔디를 깎고 가지치기를 하는 이곳이 지상 낙원이라고 말한다. 아직은 주말 주택으로 활용하고 있지만 노후는 여기서 보낼 계획이다. 주말 주택으로 한정 짓기보다는 일상생활을 해도 전혀 불편함이 없도록 지은 것도 그 때문이었다.

모든 주택은 다를 수밖에 없다. 거실과 주방이 반드시 붙어 있지도 않고 계단실에 오픈천장이 없으라는 법도 없다. 한 번도 생각해보지 못했던 아이디어와 설계는 결국 건축주에게서 나온다. 오늘도 한 건축주는 말한다.

"아무것도 모르니 알아서 설계해주세요."

그럴 때마다 나는 말씀드린다. "이미 다 계획하고 계신 것을 잘 실현해드리겠습니다."

● 지형 요소, 접근성	★★★★
● 인테리어, 익스테리어	★★★★☆
● 내외부 공간 활용도	★★★☆
● 비용 대비 완성도	★★★★☆
● 총점	★★★★

평면도

| 1층 |

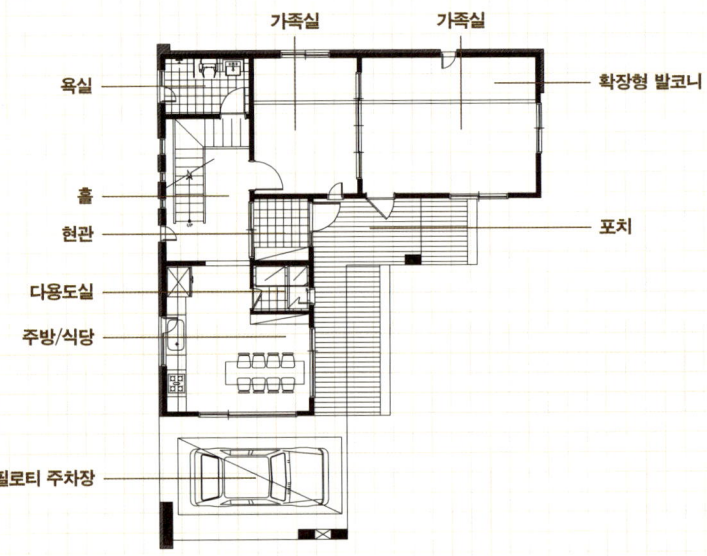

| 2층 |

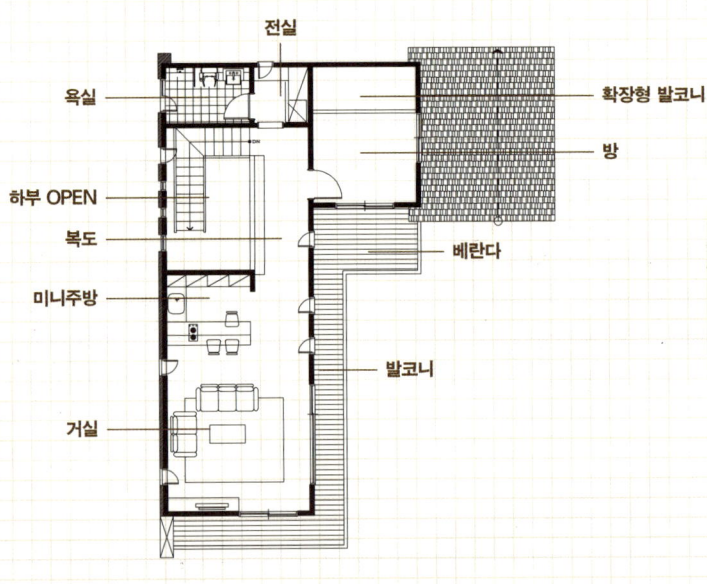

사용 자재 내역	
공법	기초-줄기초
	지상-미국식 2×6공법
지붕재	아스팔트싱글
단열재	내단열-인슐레이션R19
	외단열-스티로폼
외벽마감재	스타코플렉스, 인조석
창호재	미국식 시스템 창호
내벽마감재	실크벽지
바닥재	강화마루
시공 소요 기간	설계 2개월 / 시공 3개월
특이사항	주차계획(법정 1대), 부속건축물 39.69m^2(12평) 연면적 제외

시공비 내역 (단위: 원)	
기초공사	38,500,000
구조공사	38,250,000
외장공사	35,510,000
지붕공사	17,520,000
내장공사	40,930,000
데크공사	10,930,000
욕실공사	7,810,000
창호공사	28,940,000
설비공사	9,910,000
전기공사	8,590,000
총공사합계	**236,890,000**
평당 단가(VAT 포함)	**6,001,773**

13
HOME PROJECT

세상에
단 하나뿐인 내 집,
럭셔리 하우스

넓은 평수의 집을 지으면 나중에 예기치 않게 쓸데없는 공간들이 생기기도 한다.
이 때문에 설계를 진행할 때도 건축주의 생활패턴에 맞도록
데드스페이스를 최대한 줄이고 공간들을 불필요하게 쪼개거나 낭비하지 않아야 한다.
고급스런 클럽 하우스 느낌을 살리면서도 취미생활을 영위할 수 있는
'럭셔리 하우스'를 마지막으로 둘러본다.

위치	경상남도 양산시
지역지구	자연녹지지역
대지면적	1,824.00m² (551.76평)
건축면적	317.28m² (95.97평)
연면적	314.25m² (**95.06평**)
지상1층	268.68m² (86.72평)
지상2층	28.02m² (8.47평)
구조	**ALC블럭조**

"단층으로도 충분해요. 대신 클럽하우스 같은 느낌을 주는 집이면 좋겠습니다."

클럽하우스라니? 경남 양산에서 올라왔다는 중년 남성이 이렇게 말을 꺼냈다. 흔히 우리가 단독주택 하면 떠올리는 모양은 일정하다. 2층 주택에 1층은 안방과 거실, 2층은 아이들 방과 서재. 가능하다면 다락방을 올리기도 한다. 물론 건축주의 개성에 맞춰 층을 올리는 방식이나 서재 또는 주방을 다르게 설계한다.

상담을 진행해보니 이 건축주는 이미 집을 한 차례 지어본 경험을 가지고 있었다. 성격이 꼼꼼해서 지을 땐 몰랐지만 살면서 불필요해진 점들을 일일이 체크해놓았다고 했다. 건축주는 자기 라이프스타일을 최대한 반영할 수 있는 집을 다시 고민했다. 그러던 중 마침 기회가 생겨 다시 집을 짓게 된 것이다.

연면적 98평의 대규모 저택. 건축주는 이미 집을 한 차례 지어본 경험을 통해 지을 때 몰랐지만 살면서 불편하거나 불필요해진 점들을 일일이 체크해놓았다. 또한 단층집이되 외관이 너무 초라해 보이지 않도록 천장 높이를 4.5미터까지 높였다. 설계가 진행되면서는 단층 구조로 짓되 손님이 왔을 때 서로 방해받지 않고 머물 수 있도록 작은 2층 공간도 마련했다.

이렇게 넓은 집을 지으면 나중에 예기치 않게 쓸데없는 공간들이 생기기도 한다. 그래서 설계를 진행할 때도 데드스페이스를 최대한 줄이고 공간들을 불필요하게 쪼개거나 낭비하는 일 없이 건축주의 생활 패턴에 맞도록 심혈을 기울였다. 큼직해야 할 공간은 큼직하게 두었고, 주된 생활과 그리 밀접하지 않은 공간은 아담하게 만들었다.

단층 주택이지만 거실 같은 공간은 바닥에 단차를 두어 이동공간에서 거실로 '들어선다'는 느낌이 들도록 했다.
불과 몇 센티미터밖에 안 되는 높낮이 차이가 커다란 감정의 변화를 불러일으킨다.

아주 넓은 평수이지만 건축주의 가족이라고는 아내와 딸뿐이었다. 하지만 딸이 집에서 많은 시간을 보내지는 않았고, 주로 건축주 부부만 집에 상주하며 각자의 취미생활을 즐기는 패턴이었다.
외관에서 느껴지는 분위기와 같이 거실과 주방 등 실내 공간 또한 시원한 느낌이 들도록 큼직큼직하게 배치했다. 건축주 부부도 큰 평수에서 생길 수밖에 없는 데드스페이스에 대해 충분히 이해해주었고, 설계에 이를 과감하게 반영했다.

주방과 식당 공간은 아일랜드 식탁으로 구분된다. 양쪽 모두 큼직하고 넉넉한 공간을 자랑하며, 특히 식당 공간 쪽으로는 자연채광을 위해 창을 더 많이 만들었다. 본동에서 거실과 완벽하게 분리되어 있는 주방은 제2의 안방으로 불릴 정도로 아내만을 위한 휴식과 위로의 공간이 되곤 한다. 이때 가장 중요한 것은 분리되어 있지만 고립된 느낌을 주지 않는 것이다. 거실과 분리된 주방일 경우에는 대개 집 앞쪽으로 공간을 이동시키고 큰 창을 내서 빛이 잘 들게 만드는 것이 관건이다. 그래야 주방에 혼자 있어도 집에 어떤 일이 일어나고 있는지, 가족이 언제 드나들고 있는지를 금세 알아차릴 수 있기 때문이다.

화이트 피아노 도장, 자작나무, 레드 포인트 벽지로 심플함과 강렬함을 동시에 표현하고자 했다. 일반적인 주방과 다르게 타일이 아닌 상판과 동일한 대리석으로 벽을 마감했다. 비용은 그만큼 상승하지만 한층 업그레이드된 깨끗함과 고급스러움을 동시에 느낄 수 있다.

첫 미팅 때 건축주인 남편은 자기만의 큰 서재를 두고 싶어 했으며, 프라이버시가 보장되는 공간이 됐으면 좋겠다는 뜻을 내비친 적이 있었다. 서재는 독서뿐 아니라 영화 감상과 음악 청취도 마음껏 할 수 있도록 고가의 자재를 사용하여 완벽한 방음처리를 했다. 연면적이 98평이나 되는 워낙 넓은 땅인 점을 감안하여 서재를 아예 별동으로 분리했다. 주된 일상생활이 이루어지는 본동과 취미 및 여가생활이 이루어지는 별동을 아예 나눈 것이다. 본동과 별동을 오갈 때 외부로 출입해야 하는 번거로움을 줄이기 위해 갤러리 느낌을 주는 복도를 놓았다. 본동에서 별동으로 이동하든, 별동에서 본동으로 이동하든 공간의 분위기가 자연스럽게 변화하는 특별한 공간이다.

긴 복도에 스토리를 담은 갤러리가 되도록 유도한 디자인. 레인 스폿 조명과 픽쳐 레일을 설치해 건축주의 필요에 따라 사진과 그림을 장식해서 하나의 갤러리 공간이 되도록 했다. 조명은 복도를 밝히는 동시에 자연스럽게 사진에 눈길이 가도록 유도한다.

고가의 오디오와 LP판 수납을 위해
호두나무로 주문 제작한 가구들,
기능성과 디자인을 모두 갖춘 목재 흡음판 천장 마감과
흡음 커튼, 은근히 단차를 둔 스테이지 공간,
로얄 티크 컬러의 강마루와 그레이 톤 지사벽지의
고급스러움이 더해져 한층 격조 높은 공간으로
스타일링했다. 이로써 건축주의 취미를 위한
단 하나의 서재이자 음악감상실이 탄생했다.

안방에서 내다본 집 앞 풍경. 파노라마 창이 그 자체로 훌륭한 액자 역할을 하면서
1년 사계절 변화하는 자연의 멋진 풍광을 스스럼 없이 집 안으로 끌어들인다.

이제 벌써 우리도 집으로 돌아갈 시간이네.
마지막 집까지 다 보고 나니 느낌이 어때?

처음엔 모든 게 막막했지만, 이젠 우리가
어떤 집에서 살면 좋을지, 또 어떤 집을 지어야 할지
그림이 그려지는 것 같아. 정말 도움이 많이 됐어.

건축주가 고급스런 클럽하우스 같은 집을 상상하고 있었던 만큼 공사가 진행되는 동안 인테리어 자재도 점점 고급 자재로 바뀌었다. 결국 최초 평당 450만 원 예상에서 550만 원으로 공사비가 상승했다. 집을 지을 때 가능하면 이런 상황이 생기지 않도록 하는 것이 가장 좋지만, 이 경우에는 건축주에게도 충분한 여유 자금이 있었기에 비용 상승에 대한 부담이 적었다. 그럼으로써 고급스런 클럽 하우스 느낌을 살리면서도 건축주 부부가 자신들만의 프라이버시를 지키고 자기 취미생활을 영위할 수 있는 '럭셔리 하우스'가 될 수 있었다.

집을 짓다 보면 비용이 상승되는 상황이 자주 발생한다. 건축사는 최초 계약 당시의 비용을 초과하지 않도록 최대한 노력하지만, 시공 과정을 옆에서 직접 보는 건축주는 자꾸만 욕심이 생긴다. 마치 전셋집을 보러 다닐 때 딱 1,000만 원만 더 있으면 좋겠다고 생각하는 것과 같은 이치다. 특히 인테리어 자재에서 비용 상승이 가장 많이 이루어지는데, 실제로 살게 되었을 때 비용 대비 얼마나 만족도를 줄지 신중히 고려해야 한다.

● 지형 요소, 접근성	★★★☆
● 인테리어, 익스테리어	★★★★
● 내외부 공간 활용도	★★★☆
● 비용 대비 완성도	★★★☆
● 총점	★★★☆

평면도

1층

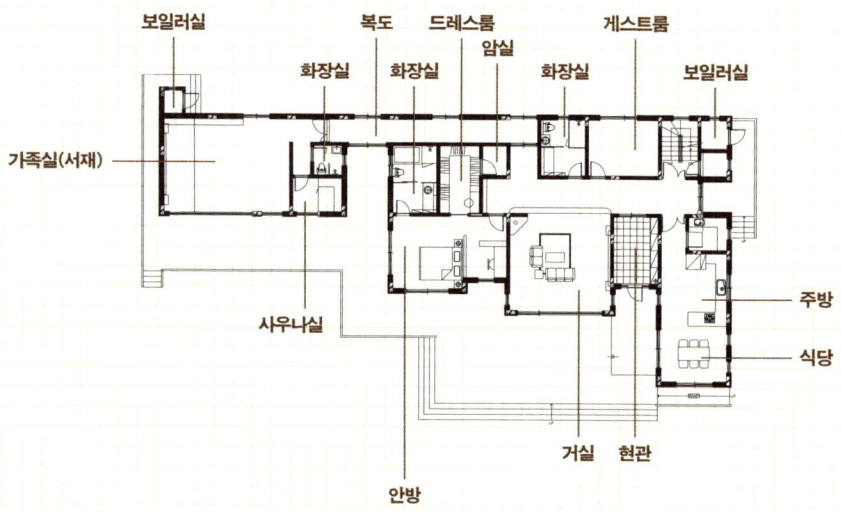

2층

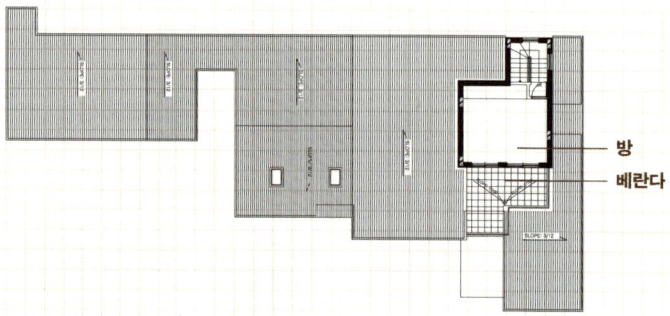

사용 자재 내역

시공비 내역 (단위: 원)

공법	기초-줄기초	기초공사	77,550,000
	지상-ALC블럭구조	구조공사	100,800,000
지붕재	아이루프	외장공사	85,000,000
단열재	내단열-ALC블럭	지붕공사	26,274,000
	외단열-스티로폼	내장공사	73,400,000
외벽마감재	스타코플렉스	데크공사	43,750,000
창호재	시스템창호	욕실공사	11,710,000
내벽마감재	실크벽지, 지사벽지,	창호공사	41,400,000
	히노끼루바, 목재흡음판	설비공사	22,260,000
바닥재	강마루	전기공사	22,260,000
시공 소요 기간	설계 2개월 / 시공 4개월	총공사합계	504,404,000
특이사항	주차계획(법정 2대)	평당 단가(VAT 포함)	5,306,165

| '3D 설계도'로 먼저 체험하는 콘셉트 하우스 | 류명이 제안하는 라이프스타일 맞춤 설계 ❻ |

신혼부부의 행복까지 설계하다

┃ 건축개요 ┃

연면적 — 146.45m² (44.30평)
1층 — 112.69m² (34.09평)
2층 — 33.76m² (10.21평)

구조 — 일반목구조 / 철근콘크리트
지붕마감재 — 아스팔트싱글
외부마감재 — 스타코플렉스

┃ 신혼부부 그리고 아기를 위한 주택 ┃

- 새로운 출발을 앞두고 있는 신혼부부와 곧 태어날 아기를 위한 축복의 집을 제안합니다.
- 비싼 자재를 지양하고 단가가 낮은 자재를 사용하되 효율적이고 완성도 높은 디자인으로 품질을 높임으로써 경제성을 최대한 끌어올린 현실적인 주택입니다.
- 계단실을 도서관 또는 A/V룸으로 사용할 수 있으며, 안방과 게스트룸이 호환 가능한 가변적 설계입니다.
- 공간의 용도를 두 그룹으로 나누어 난방비 효율을 높이는 한편 두 그룹을 연결하는 브릿지를 조망권 및 개방성을 확보하는 공간으로 활용하는 구조입니다.

경제성을 고려한 외장재 선택

외장재는 스타코플렉스와 아스팔트싱글만을 사용함으로써 심플함을 강조했다. 외장재로 별도의 자재를 사용하지 않아 주택 전체 비용도 낮출 수 있다.

아이와 함께 만들어나가는 공간

거실 좌측에 배치한 작은 풀(pool)은 거실에서의 시각적 효과를 노여줄 뿐만 아니라 아이가 어느 정도 자랐을 때 추억을 만들 수 있는 공간도 된다.

작지만 소박하고 아담한 데크

외부의 시선으로부터 차단된 집 뒤편으로는 서재와 연결된 작은 테라스를 만들었다. 신혼 분위기를 즐기면서 아내와 차 한 잔 마시기에 좋은 공간이다.

안과 밖이 이야기를 주고받는 거실

거실에 ㄱ자로 난 큰 창은 밝고 쾌적한 실내 환경을 오래 유지한다. 쇼파를 창 쪽으로 향하도록 배치해 부부가 더 많은 대화를 나눌 수 있도록 유도했다.

계단실의 파격적인 변화
계단실을 단순히 2층으로 오르는 기능으로 제한하지 않고 천장에 프로젝터를 설치해 영화 감상이 가능한 공간으로 널찍하게 만들었다. 계단실 중간에 꽂혀 있는 책도 훌륭한 인테리어 소재이다.

A/V룸이 따로 필요치 않은 이유
2층에서 내려다본 계단실은 더욱 매력적이다. 오픈천장의 넓은 벽면이 그 자체로 스크린이 된다. 계단실이 나만의 극장으로 탈바꿈하는 순간이다. 계단의 용도가 마치 처음부터 그랬던 것처럼 말이다.

가장 로맨틱한 욕실을 꿈꾸다
2층 계단실 끝에 이르면 바로 앞에 유리로 세운 욕실 벽면을 마주하게 된다. 욕조에 앉아 영화를 보면서 신혼부부만이 누릴 수 있는 로맨틱한 저녁을 보내게 될 것이다.

가장 먼저 아침을 맞이하는 자리
아침에 일어나서 상쾌한 공기를 느끼기 위해 굳이 현관을 나서지 않아도 된다. 2층 침실과 연결된 테라스로 나가면 누구보다도 산뜻한 하루를 시작할 수 있을 것이다.

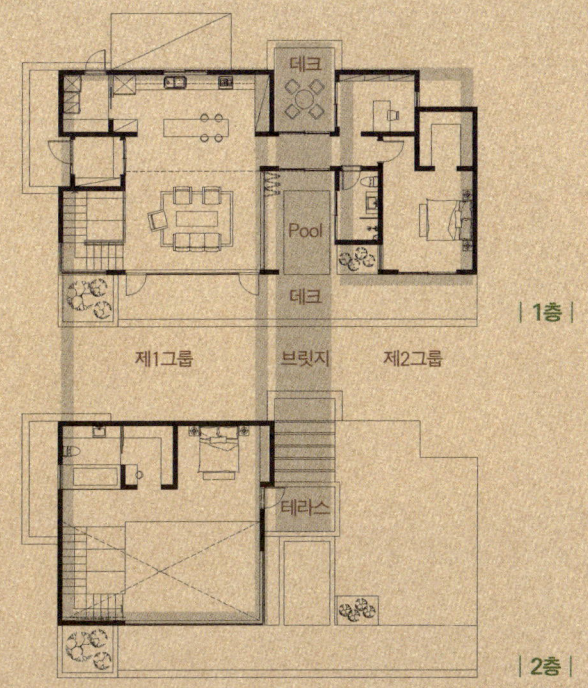

| 1층 |

| 2층 |

| 평면도 쉽게 보기 |

- 아직 아이가 태어나지 않았을 경우
  - 제1그룹에서 주로 생활하며, 제2그룹에 있는 각 실들은 서재와 게스트룸으로 활용할 수 있다. 게스트룸은 취미 공간으로 활용 가능하며 드레스룸은 계절 옷들을 보관한다.
  - 제1그룹에서 모든 생활이 가능하기 때문에 제2그룹은 특별히 사용할 때만 냉난방을 가동시켜 관리비용을 절감할 수 있다.
  - 제1그룹과 제2그룹을 연결하는 브릿지에 중문을 설치하여 냉난방의 효율성을 극대화했다.
- 아이가 태어났을 경우
  - 제2그룹의 침실이 안방이 되며 서재가 아이의 방으로 전환된다.
  - 제1그룹 2층에 위치한 침실은 서재로 전환되며, 손님 방문 시 게스트룸으로 활용 가능하다.
  - 브릿지 구역에 위치한 작은 풀(pool)은 아이가 어느 정도 자랐을 때부터 함께 즐기기에 적당하다.

EPILOGUE

제대로 아는 건축주가
좋은 집을 짓는다

내 집을 짓는다는 것은 살면서 저지를 수 있는 가장 큰 쇼핑이다. 게다가 보통 상품들과 달리 집은 반품도 환불도 불가능하지 않던가. 이처럼 평생 모은 돈을 쏟아 부어 평생 살게 될 집을 짓는데 기초적인 사전지식이나 정보도 없이 무턱대고 달려드는 것은 무기 없이 전장에 뛰어드는 행위나 마찬가지다. 철저하게 준비하지 않으면 건축 과정에서 헤매는 것은 물론 살면서도 두고두고 후회하게 될 것이다.

집짓기에서 가장 막막한 점을 꼽으라면 아마도 '소비자가격'이 없다는 점이 아닐까 싶다. 말하자면 집짓기 과정에 대한 전반적인 이해가 부족할 경우에 이른바 '업자'들에게 휘둘리지나 않을까 하는 두려움이 막막하게 만드는 것이다. 어찌 보면 아파트를 분양받거나 기존에 거래되는 주택을 살 때는 이미 다 갖춰놓은 집을 시세에 맞게 구매하면 될 뿐이지만, 집짓기는 설계에서부터 시공까지 건축주의 수많은 판단이 필요하다 보니 어렵게 느껴지는 것투성이다. 어떤 땅을 구매해야 하는지부터, 설계, 자재 활용, 구비 서류, 또 결정적으로 어떤 설계자와 시공자를 만나야 하는지, 그들을 어디까지 믿고 관리해야 하는지…. 궁금한 것이 한두 가지가 아니기 때문이다.

나는 가끔 집짓기의 과정을 조립 컴퓨터에 비유하곤 한다. 조립 컴퓨터는 사용자의 의도에 따라서 고가와 저가 부속품을 효율적으로 활용한다. 훌륭한 멀티미디어를 활용해야 한다면 값비싼 CPU, 그래픽카드 등을 넣어야 할 것이고 문서편집과 인터넷만 사용한다면 굳이 값비싼 부품을 끼워 넣을 필요가 없다. 집짓기도 마찬가지다. 예산이 한정된 상황에서 무작정 최고급 자재만 사용해 럭셔리 하우스를 지을 필요는 없다. 자신이 원하는 라이프스타일에 맞춰 굳이 필요하지 않은 비용은 과감히 절감하고, 반드시 필요로 하는 부분에 더 많이 투자하는 것이 합리적이다. 우리가 원하는 것은 비용 대비 만족도가 높은 집이기 때문이다.

그러자면 자신이 원하는 집에 대한 명확한 아이디어를 가지고 여기에 밑그림을 그려줄 설계자, 밑그림 위에 색깔을 입혀줄 시공자와의 관계가 원활해야 한다. 내가 끊임없이 강조하는 관계란 막힘없는 소통과 이를 통해 쌓아가는 신뢰를 두루 포함한다. 첫 만남에서부터 설계, 시공, 사후 관리에 이르기까지 건축 과정에서 반드시 마주칠 수밖에 없는 전문가들과의 관계를 원만히 유지해갈 때 비로소 자신이 오랫동안 꿈꿔왔던 집이 그 모습 그대로 눈앞에 드러난다.

원하는 예산으로 계약했지만 어떤 자재가 사용되고 있는지, 혹시나 안 좋은 자재가 들어가지는 않는지, 공들여 짜놓은 설계대로 시공하는지 등등 건축주의 불안은 한두 가지가 아니다. 그렇다고 매일 현장을 방문해서 체크할 수도 없는 일이다. 이런 불안을 해소하기 위해서 현장소장은 현장 사진을 실시간으로 남겨놓고, 계약사항에 명시된 자재들의 명칭과 단가표를 건축주와 공유해야 한다. 불안과 의심의 소지를 없애고 좀 더 투명한 절차를 거침으로써 신뢰를 얻고 활기찬 관계도 유지된다. 집을 짓는 각각의 공정도 중요하지만 매 순간 유지되어야 하는 '관계-소통-신뢰'라는 삼박자는 몇 번이고 강조해도 지나치지 않다.

좋은 집을 짓기 위해 건축주가 건축에 관한 모든 지식을 갖출 필요는 없다. 정작 우리에게 필요한 것은 각각의 공정에서 '지금 어떤 일을 하고 있는지' 머릿속에 큰 그림을 그려보고, 필요한 것을 정확하게(그리고 기 죽지 않고) 요구할 수 있도록 도와주는 정보들이다. 지난 5년 동안 엔디하임을 운영하며 수많은 건축주들을 만났다. 그 과정 속에서 차곡차곡 축적되고 터득한 핵심 노하우를 충실히 담기 위해 노력했다. 아무쪼록 이 책이 내 집 짓기의 오랜 꿈을 이뤄주는 소중한 안내서가 되길 바라며, 모든 건축주들의 건투를 빈다.

"아는 만큼 요구할 수 있고, 제대로 요구한 만큼 더 좋은 집을 지을 수 있다."